目录 CONTENTS

Chapter1 / 胎教——爸妈用心做，宝宝更聪慧

一、何为胎教 / 002

1. 胎教的基本含义 / 002
2. 胎教有广义与狭义之分 / 002

二、神奇的胎教 / 003

1. 胎教有其生理基础 / 003
2. 胎教的作用 / 004

三、胎教怎么做 / 005

1. 胎教成功的要素 / 005
2. 宝宝的发育与胎教时间 / 006
3. 胎教的8种常见表现形式 / 007
4. 制定科学的胎教计划 / 009
5. 常见的胎教误区 / 010

四、常见胎教问答 / 011

1. 胎教时宝宝会有反应吗？ / 011
2. 胎教需要每天做吗？ / 011
3. 胎教的目的是为了培养天才吗？ / 012
4. 胎教是准妈妈一个人的事情吗？ / 012

目录 CONTENTS

5. 应树立怎样的胎教观? / 013
6. 实施胎教的三个关键期分别是什么? / 013
7. 是否有必要报专门的胎教班? / 014
8. 做音乐胎教时,固定听几首歌效果会更好吗? / 014
9. 经过胎教的孩子是否以后学习会特别好? / 015
10. 分娩后为什么要巩固胎教成果? / 015

Chapter 2 孕早期经典胎教——用爱呵护小胚芽

一、孕1月,你就这样悄悄地来了 / 018

1. 妈咪宝贝的变化 / 018
2. 本月胎教重点 / 020
3. 经典胎教推荐——写胎教日记:给宝宝的第一份见面礼 / 021
4. 营养胎教 / 022
5. 环境胎教 / 025
6. 情绪胎教 / 027
7. 音乐胎教 / 029

二、孕2月,悉心护胎正当时 / 030

1. 妈咪宝贝的变化 / 030

肖春香 薛亦男 主编

教出聪明宝宝：
经典胎教方案

黑龙江出版集团
黑龙江科学技术出版社

图书在版编目（CIP）数据

教出聪明宝宝：经典胎教方案 / 肖春香，薛亦男主编．-- 哈尔滨：黑龙江科学技术出版社，2017.7
ISBN 978-7-5388-9201-7

Ⅰ．①教… Ⅱ．①肖… ②薛… Ⅲ．①胎教－基本知识 Ⅳ．① G610.8

中国版本图书馆CIP数据核字（2017）第 088347 号

教出聪明宝宝：经典胎教方案
JIAO CHU CONGMING BAOBAO：JINGDIAN TAIJIAO FANG'AN

主　　编	肖春香　薛亦男
责任编辑	马远洋
摄影摄像	深圳市金版文化发展股份有限公司
策划编辑	深圳市金版文化发展股份有限公司
封面设计	深圳市金版文化发展股份有限公司
出　　版	黑龙江科学技术出版社
	地址：哈尔滨市南岗区建设街 41 号　邮编：150001
	电话：(0451)53642106　　传真：(0451)53642143
	网址：www.lkcbs.cn　　www.lkpub.cn
发　　行	全国新华书店
印　　刷	深圳雅佳图印刷有限公司
开　　本	723 mm×1020 mm　1/16
印　　张	10.5
字　　数	120 千字
版　　次	2017 年 7 月第 1 版
印　　次	2017 年 7 月第 1 次印刷
书　　号	ISBN 978-7-5388-9201-7
定　　价	29.80 元

【版权所有，请勿翻印、转载】

2. 本月胎教重点 / 032

3. 经典胎教推荐——试着想象宝宝的样子 / 033

4. 营养胎教 / 034

5. 安全胎教 / 037

6. 情绪胎教 / 039

7. 音乐胎教 / 041

三、孕3月，孕吐与快乐交织的幸福时光 / 042

1. 妈咪宝贝的变化 / 042

2. 本月胎教重点 / 044

3. 经典胎教推荐——和宝宝一起欣赏风景 / 045

4. 营养胎教 / 046

5. 安全胎教 / 049

6. 情绪胎教 / 051

7. 音乐胎教 / 053

Chapter 3 孕中期经典胎教——享受与宝贝互动的快乐

一、孕4月，正式安家落户啦！/ 056

1. 妈咪宝贝的变化 / 056

目录 CONTENTS

2. 本月胎教重点 / 058

3. 经典胎教推荐——带着宝宝下棋 / 059

4. 营养胎教 / 060

5. 运动胎教 / 063

6. 安全胎教 / 067

7. 语言胎教 / 069

二、孕5月，世界因胎动而精彩 / 070

1. 妈咪宝贝的变化 / 070

2. 本月胎教重点 / 072

3. 经典胎教推荐——画一画胎宝宝以后的样子 / 073

4. 营养胎教 / 074

5. 运动胎教 / 077

6. 抚摸胎教 / 081

7. 美育胎教 / 083

三、孕6月，你看见妈妈的肚皮了吗？/ 084

1. 妈咪宝贝的变化 / 084

2. 本月胎教重点 / 086

3. 经典胎教推荐——一起玩踢肚游戏 / 087

4. 营养胎教 / 088

5. 运动胎教 / 091

6. 语言胎教 / 095

7. 音乐胎教 / 097

四．孕7月，听爸爸妈妈的话 / 098

1. 妈咪宝贝的变化 / 098

2. 本月胎教重点 / 100

3. 经典胎教推荐——准爸爸模拟给宝宝喂饭 / 101

4. 营养胎教 / 102

5. 运动胎教 / 105

6. 语言胎教 / 109

7. 抚摸胎教　111

Chapter 4 / 孕晚期经典胎教——静候小天使降临

一．孕8月，爱从指尖的抚摸传递 / 114

1. 妈咪宝贝的变化 / 114

2. 本月胎教重点 / 116

3. 经典胎教推荐——一起来做光照游戏 / 117

4. 营养胎教 / 118

5. 运动胎教 / 121

目录 CONTENTS

6. 安全胎教 / 125

7. 抚摸胎教 / 127

二、孕9月，再坚持一下下 / 128

1. 妈咪宝贝的变化 / 128

2. 本月胎教重点 / 130

3. 经典胎教推荐——图像卡片胎教法 / 131

4. 营养胎教 / 132

5. 运动胎教 / 135

6. 情绪胎教 / 139

7. 音乐胎教 / 140

三、孕10月，终于等到你 / 141

1. 妈咪宝贝的变化 / 141

2. 本月胎教重点 / 143

3. 经典胎教推荐——准爸爸给胎宝宝"上课" / 144

4. 营养胎教 / 145

5. 运动胎教 / 148

6. 情绪胎教 / 152

7. 语言胎教 / 153

附录 经典胎教作品，伴宝贝健康成长 / 154

　一. 诗歌 / 154

　　1. 经典诗歌胎教作品推荐 / 154

　　2. 其他常见诗歌胎教作品 / 154

　二. 散文 / 155

　　1. 经典散文胎教作品推荐 / 155

　　2. 其他常见散文胎教作品 / 155

　三. 故事 / 156

　　1. 经典故事胎教作品推荐 / 156

　　2. 其他常见故事胎教作品 / 156

　四. 电影 / 157

　　1. 经典电影胎教作品推荐 / 157

　　2. 其他常见电影胎教作品 / 157

　五. 音乐 / 158

　　1. 经典音乐胎教作品推荐 / 158

　　2. 其他常见音乐胎教作品 / 158

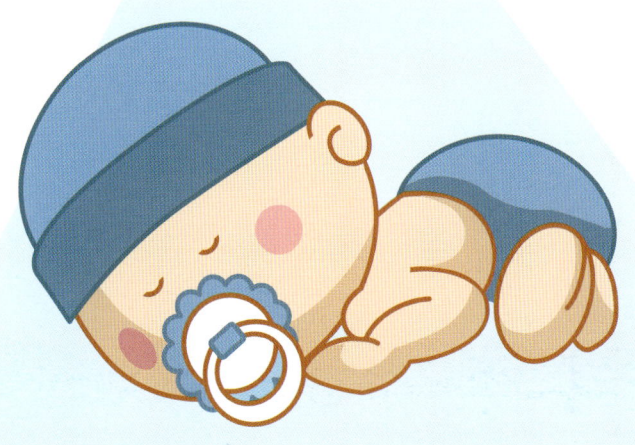

胎教——爸妈用心做，宝宝更聪慧

聪明宝宝的培养从宝宝还在妈妈腹中时就已经开始，想要宝宝赢在起跑线上，胎教必不可少。胎教不仅要进行，而且还要保证效果，只有在充分了解胎宝宝的生长发育和胎教的表现形象的基础上，制定合理的胎教计划，在不同阶段进行合适的胎教，才能达到理想的胎教效果。

Chapter 1

一、何为胎教

随着国家生育政策的开放和人们对优生优育的重视,胎教逐渐深入人心。其实,胎教自古就有,发展到现在,又产生了广义与狭义之分,了解胎教的概念,才能为后期的胎教实施做好基础准备。

1. 胎教的基本含义

胎教一词源于我国古代,最早出现在西周时期,那时胎教的基本含义是孕妇必须遵守的道德、行为规范。古人认为,胎儿在母体中能够受孕妇言行的感化,所以,孕妇必须谨守礼仪,给胎儿以良好的影响,即为胎教。

胎教发展到今天,主要指准妈妈为了胎儿的健康发育,通过调控自我身心健康,为胎儿提供一个良好的内外生长环境,适当地刺激成长到一定时期的胎儿,从而促进胎儿的健康发育、改善胎儿素质的科学方法。简单来说,准妈妈在各方面有意识地、主动地采取一些相应的措施,对胎儿进行良好影响的方法就是胎教,也就是说,胎教一方面是胎,一方面是教,好的胎教是胎与教的良性结合。

2. 胎教有广义与狭义之分

胎教有广义与狭义之分,其中,广义的胎教,是指为了促进胎儿生理上和心理上的健康发育成长,同时确保孕妇能够顺利地度过孕产期所采取的精神、饮食、环境、劳逸等各方面的保健措施,包括孕前的准备、营养胎教、环境胎教(各种内外环境)和情绪胎教等,有人也把广义的胎教称为"间接胎教"。

狭义的胎教,是指根据胎儿各感觉器官发育成长的实际情况,有针对性地、积极主动地给予适当合理的信息刺激,使胎儿建立起条件反射,进而促进其大脑功能、躯体运动功能、感觉功能及神经系统功能的成熟。换言之,狭义的胎教就是在胎儿发育成长的各个阶段,科学地提供视觉、听觉、触觉等方面的教育,使胎儿大脑神经细胞不断增殖,神经系统和各个器官的功能得到合理的开发和训练,较大限度地发掘胎儿的智力潜能,达到提高人类素质的目的,胎教方法包括音乐胎教、语言胎教、抚摸胎教、运动胎教等。从这个意义上讲，狭义胎教亦被叫作"直接胎教"。

广义的胎教和狭义的胎教都是有机组成的整体，相互统一，密不可分，通过准妈妈保健和对胎儿感官的有益刺激完成对胎儿的提前教育，因此，准父母不可偏废其中任何一个。

二、神奇的胎教

胎教真的有那么神奇吗？为什么要做胎教？胎教又有哪些作用呢？一起来了解下胎教的生理基础和神奇的效果，能让准爸妈在实施胎教时做到心中有数，为胎宝宝的身心发育打下良好的基础。

1. 胎教有其生理基础

在以前，人们认为胎儿在出生前一直安静地躺在母体子宫里睡大觉，直到分娩时才醒来，其实这是错误的。现代医学研究认为，胎儿有奇异的潜在能力，从怀孕的第5周开始，胎宝宝便具备了较复杂的生理反射功能；10周时已形成感觉、触觉功能；胎儿在17周左右，开始对声音有反应；30周时有听觉、味觉、嗅觉和视觉功能，能听到妈妈的心跳和外界的声音。此时，准妈妈的一举一动都能影响胎儿。美国著名的医学专家托马斯的研究结果也表明，胎儿在6个月时，大脑细胞的数目已接近成人，各种感觉器官趋于完善，对母体内外的刺激能做出一定的反应，这就给胎教的实施提供了有力的科学依据。所以，在对胎儿进行宫内教育时，准父母可以利用宝宝的这些能力为他传递有益的信息，由此我们也可以知道，对胎儿实施胎教是有一定的生理基础的。

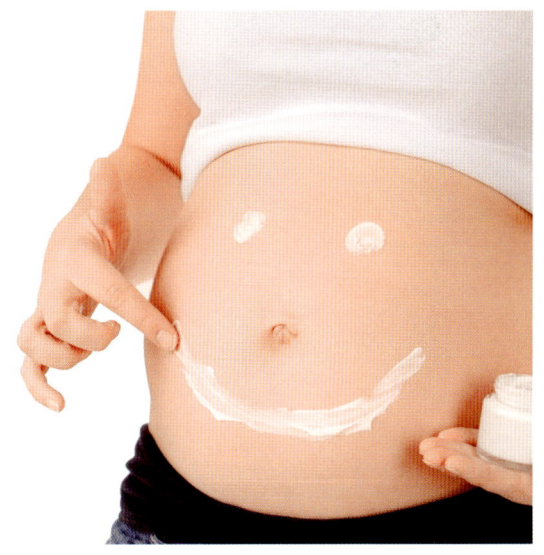

2. 胎教的作用

很多准父母对于胎教的作用和意义都心存疑问，不了解受过胎教的孩子和没受过胎教的孩子有什么不同，为此，我们提供一些经过专业人士研究论证得出来的结果供大家参考。

受过胎教的宝宝发音较早，能尽快学会说话。受过胎教的婴儿2个月时会发几个元音，4个月时会发几个辅音，5～6个月发出的声音就可以表达一定的意思了，9～10个月时就会有目的地叫爸爸妈妈了，20个月左右甚至能背诵整首儿歌。

受过胎教的宝宝能较早与人交往。出生十多天的婴儿就会用小嘴张合好像在与大人"对话"，20天左右就会逗笑，2个多月就能认识父母，3个多月就能听懂自己的名字了。

受过胎教的宝宝对音乐敏感，有音乐天赋，他们往往一听到音乐就会非常高兴，甚至会不自觉地随着音乐的韵律和节奏手舞足蹈。

受过胎教的宝宝运动能力发展良好，他们手的抓、握、拿、取、拍、打、摇、对击、捏、扣、穿、套等能力强，抬头、翻身、坐、爬、站、走都比较早，而且动作敏捷，协调。

受过胎教的宝宝有较强的感应能力，当他们听到妈妈的脚步声、说话声便会停止啼哭，一般在4个半月时能辨认第一件东西，6～7个月能辨认手、嘴、奶瓶等物品。

受过胎教的宝宝心理行为健康。他们一般情绪比较稳定，活泼可爱，不爱哭闹，特别是在夜里。因而也很好照顾。

三、胎教怎么做

了解了胎教的概念、生理基础以及神奇的作用之后，接下来就是关于胎教的具体实施了。要知道，胎教需要准父母用心去做，掌握一定的科学技巧和方法，才能达到事半功倍的良效。

1. 胎教成功的要素

胎教的各种内容都是围绕一个目的，即输入良性信息，确保胎宝宝生存的内外环境良好，使其在自然而然的无意识探索中健康成长。胎教成功的秘诀，是相信胎宝宝的能力和对胎宝宝倾注足够的爱与耐心。接下里，我们将一一为您介绍胎教成功的要素。

- **胎教首先源于爱**

人们常说，孩子是爱情智慧的结晶，胎教首先源于爱。从备孕期开始，准爸妈就应保持和谐的夫妻关系；怀孕后，在做胎教的过程中，也要时刻将浓厚的爱意传达给胎宝宝，让他在愉快、和谐的家庭氛围中安然成长。

- **做好孕前准备**

在备孕期，要选择合适的受孕时机和良好的受孕环境，积极治疗自身存在的疾病，调养好身体内环境，从而确保精子和卵子质量优良，孕育出优质的受精卵；避免有害因素如 X 射线、农药、病毒感染、药物等对身体的伤害。

- **定期做产检**

定期做好孕产期的检查，能帮助准爸妈随时监测胎宝宝的生长和发育状况，避免孕期意外发生。在医生的指导下治疗多种孕期疾病和不适症状，对准妈妈和胎宝宝都有好处。

- **安全分娩**

胎宝宝分娩时，最好采用自然分娩的方式，让胎宝宝通过母体的子宫颈口进入到产道而生出来，有利于锻炼孩子的呼吸系统功能。此外，自然分娩的产妇伤口较小，出血量少，产后恢复也快。因特殊情况不能自然分娩者，要听从医生的建议。

2. 宝宝的发育与胎教时间

胎教是在优身受胎和优境养胎的基础上，通过母亲对胎儿身心发育提供良好的影响来实施的，是集优生、优育、优教于一体的一门实用的科学，实施胎教的时间有广义和狭义之分。

从广义上来说，妊娠是从卵子受精的一瞬间开始的，选择最佳的受孕时机，是胎教的一项重要内容，因此，广义的胎教时间，应包括孕前至少3个月的准备到胎儿顺利分娩的这段过程，因为精子从精细胞分裂、形成再到成熟大约需要90天的时间。从狭义上来说，胎教从受孕之日起开始。

具体来说，实施胎教的时间还需要结合宝宝的大脑和各感觉器官的发育状态，建立宝宝的条件反射，使其能够接收到外界传达的信息，并产生良好的反应，这也是保证胎教实施效果的关键。

胎儿大脑和各感觉器官的发育	
器官	发育状态
大脑	12周时胎儿逐渐有了接受能力，16周时胎儿已经能表示自己的喜恶
听觉	13周听力开始发育，20周时听觉功能已经完全建立，25周时听力几乎与成人相当，28周时对外界声音的刺激已经具备了充分的反应能力
视觉	13周时视觉已经形成，29~32周，胎儿开始尝试着睁开眼睛
触觉	胎儿在12周左右形成触觉

3. 胎教的8种常见表现形式

● **营养胎教**

营养胎教是指根据妊娠的早、中、晚期胎儿发育的特点，指导准妈妈合理地摄取食物中的营养素，包括蛋白质、脂肪、糖类、矿物质、维生素、水6种基本的营养素，以食补食疗的方法来防治孕期特有的疾病，促进自身健康和胎宝宝生长发育的一种胎教方法。

众所周知，人的生命是从受精卵开始的，从一个重约1.0505微克的受精卵，到出生时约3000克的婴儿，这个发育成长的过程中所需要的营养全部来源于母体。虽然影响胎儿正常发育的因素是多方面和复杂的，但准妈妈科学、合理地摄取营养，对于胎儿的健康发育起着至关重要的作用，此外，人的智力发育与胎儿期的营养因素息息相关。因此，准妈妈一定要重视营养胎教。

● **情绪胎教**

情绪胎教是通过对准妈妈的情绪进行调节，使之忘掉烦恼和忧虑，创造清新的氛围及和谐的心境，通过准妈妈的神经递质作用，促使胎儿的大脑得以良好的发育的胎教方法。

情绪胎教是以准妈妈修养的不断提高、孕期生活品味的增加、由女人向母亲角色转变过程中的内心品质提升等方式达到母仪胎儿的目的,对胎儿的情绪、性格、健康、心理发展有着重要的影响。除了准妈妈以外,准爸爸也可以辅助妻子做好情绪胎教,例如照护好妻子的身心、丰富生活情趣、积极引导妻子排除不良情绪、协助妻子进行胎教等。

- 语言胎教

准妈妈或家人用文明、礼貌、富有感情的语言,有目的地对子宫中的胎宝宝讲话,对其进行语言刺激,给胎儿期的大脑皮质输入最初的语言印记,为胎儿后天的学习打下基础,称为语言胎教。

- 抚摸胎教

抚摸胎教是指有意识、有规律、有计划地抚摸胎宝宝,形成胎宝宝触觉上的刺激,从而促进其感觉神经和大脑发育的一种胎教。医学研究表明,胎儿发育到一定的阶段,体内绝大部分细胞已具备接收信息的能力,能通过触觉神经来感受体外的刺激,而且反应渐渐灵敏。

- 音乐胎教

音乐胎教是指用音乐对胎儿施教的方法,科学的音乐胎教是一个由音乐贯穿起来的系统而综合的胎教方式,包含聆听、律动、冥想、歌唱等不同的形式。不同孕期应选用不同的胎教音乐。

- 运动胎教

运动胎教是指准妈妈适时、适当地进行体育锻炼和帮助胎儿活动,以促进胎儿大脑及肌肉的健康发育,并使自身正常妊娠和顺利分娩的一种方法。无论选择哪种运动方式,准妈妈都要结合自身的身体状况进行。

- 光照胎教

光照胎教是指通过光源对胎宝宝进行刺激,以训练胎宝宝视觉功能的胎教法。这是一种简单的办法,只需一个手电筒就能完成,除了可以促进宝宝的视觉发育,还可以刺激运动能力。以视觉为媒介的光照胎教在众多胎教方法中占有重要的地位。

- 艺术胎教

所谓艺术胎教,就是指准妈妈通过进行一些艺术类的练习,如书法、绘画、剪纸、看书等,提高自己的文化素养,并给胎宝宝营造安宁与舒服的生活环境的一种胎教方式。

4. 制定科学的胎教计划

胎教日安排计划参考表

时间	内容
6:00	起床，准备早饭，听舒缓的音乐
7:00	吃早饭，收拾餐桌，给胎儿讲讲最近发生的故事（语言胎教开始后）
8:00	打扫房间，唱歌
9:00	给胎儿讲故事或者读故事书（语言胎教开始后）
11:00	做饭，吃午饭
12:30	午休
13:00	收拾房间，和胎宝宝对话（语言胎教开始后）
14:00	写胎教日记
15:00	做孕妇操，听音乐
16:00	阅读孕产书籍，或休息
17:00	准备晚饭，听舒缓的音乐
18:00	吃晚饭，收拾餐桌
19:00	休息，看电视
20:00	准爸爸和准妈妈一起，按照合适的孕龄选做一种或几种胎教
21:00	洗漱等睡前准备
22:00	睡觉

5. 常见的胎教误区

准父母都想通过科学的胎教方式给宝宝带来良性的刺激，促进其身心的健康发展，但是在实际生活中，却往往存在一些关于胎教的误区，需要了解并避免。

● 直接胎教越早开始越好

直接胎教应根据胎儿的生长发育规律，在合适的孕周开展，并非越早开始越好。如果准爸爸和准妈妈在胎儿还没有足够的认知、记忆能力时就开始做直接胎教，既没有意义，也会打扰到胎儿的睡眠和正常生长发育。

● 随时随地做胎教

爸爸妈妈须知道，胎儿大部分时间都是在睡眠中度过的，有时候会换个姿势，比如翻身，但并不适合进行胎教，如果随时随地做胎教，很可能会打扰到胎宝宝的睡眠。胎教的实施要遵循胎儿生理和心理发展的规律，应选择胎儿觉醒状态时做，每次不超过20分钟。如果条件允许的话，最好每天定时做胎教，让胎宝宝养成规律生活的好习惯，同时也利于其出生后认知能力的发展。

● 胎教音乐贴着肚皮放

有的准妈妈把音乐胎教作为智力胎教法宝，并直接把录音机、收音机等设备放在肚皮上，让胎宝宝听音乐，这是一种认识误区，特别是不合格的胎教音乐磁带，会给胎宝宝造成一定程度的听力损害，万不可取。在进行音乐胎教时，应尽量避免嘈杂的乐曲，声源要远离准妈妈的肚皮2厘米以上，音频保持在2000赫兹以下。

● 音乐胎教只认莫扎特

在做音乐胎教时，莫扎特的音乐是不少准父母的首选。很多准妈妈都知道，莫扎特是著名的音乐家，所以即使自己不喜欢，也仍然坚持。其实，这种强迫行为对自身和胎儿都是不好的，应广泛选择自己喜欢的世界名曲、童音、小夜曲等。

四、常见胎教问答

关于胎教知识的点点滴滴,胎教实施过程中的一些问题,您是否已经有了足够的了解和认识,是否还有一些疑问需要解答?这里罗列了一些常见的胎教知识问答,希望对准妈妈和准爸爸科学地实施胎教有所帮助。

1. 胎教时宝宝会有反应吗?

胎教时宝宝的反应是根据其生长发育状态的变化而变化的。一般来说,前三个月胎儿尚未成形,此时的胎教重点以补充营养和安胎养胎为主,反应不大;步入孕中期以后,胎盘稳定,胎宝宝进入了迅速生长发育的阶段,此时的胎动较为频繁,准父母可以实施的胎教种类和方式增多,宝宝的反应也会更活跃,一个典型的例子就是和宝宝一起玩"踢肚子"游戏;当准妈妈怀孕到8个月之后,胎宝宝的生长进入了后期,此时随着胎儿的长大,子宫内的空间越来越小,胎儿能活动的范围随之缩小,胎动的次数会比孕中期减少,但对于正常发育的胎儿来说,当准父母给予其良性、合理的胎教刺激时,会做出相应的反应。

2. 胎教需要每天做吗?

如果条件允许的话,最好每天坚持给宝宝做胎教,无论采取哪种胎教方式,持之以恒地实施科学胎教,其效果往往比不规律地做胎教要好得多。

不仅如此,准妈妈最好每天在固定的时间段为宝宝做胎教。例如,在早上起床吃完早餐后,如果宝宝是醒着的状态,做做胎教能帮助唤醒宝宝一天的活力;午睡过后,准妈妈的精神饱满,胎儿的精神状态也很好,这个时候进行胎教的话,可以让准妈妈拥有一个非常好的心情,同时也可以影响到宝宝,促进宝宝的健康发展;晚上也可以做做胎教再入睡。

3. 胎教的目的是为了培养天才吗?

胎教虽然能够有效地提升胎儿的素质,提高人口的质量,但并不能使胎儿出生后成为天才,或成为智慧超常的儿童。成为天才的因素有很多,除了胎教,遗传、出生后的再教育、周围环境的影响以及个人的兴趣、意志、品德等非智力因素都是与之息息相关的。

胎教的目的在于激发胎儿内在的潜力,所谓"胎儿都是天才",指的是胎儿都存在可以被激发的潜力,能够接受教育,经过胎教的孩子只是有可能成为天才。良好而又科学的胎教可以使个体的素质潜能得到更早、更深的发掘,让每一个胎宝宝的先天遗传因素获得最大的发挥,有利于其在智慧、个性、感情、能力等方面的发育以及将来在人生道路上的发展。我们有理由相信,如果把胎教和出生后的早期教育很好地结合起来,人类的智能发展将会获得巨大的进步。

4. 胎教是准妈妈一个人的事情吗?

胎教并非准妈妈一个人才能做,全体家庭成员都可以参与其中,为准妈妈和胎宝宝创造一个轻松的生活环境。同时,应给予准妈妈热情的帮助和充分的体谅,不要给她带来过多的压力,这样才能保证胎儿在温馨的氛围里健康成长。

在所有的家庭成员中,准爸爸的作用尤为突出,在胎教中所扮演的角色非常重要。科学实验证明,胎儿对男性低频率的声音比对女性高频率的声音还敏感,也就是说,准爸爸可以多采用语言胎教的方式和宝宝沟通、交流。此外,准爸爸还可以与准妈妈一起做抚摸胎教、散步和聊天等,让准妈妈和胎宝宝都能感受到被关心和疼爱,使得胎儿日后成为一个快乐的孩子。

5. 应树立怎样的胎教观？

现在越来越多的人开始认可胎教并注重给孩子做胎教，但也有的父母抱怨胎教没有什么明显的效果。一般父母都对孩子寄予了美好的期望，希望孩子成长为健康聪慧的宝贝。在实施胎教的过程中，一些家长往往对胎教的观念存在误区，或者没有做好细节等注意事项，导致胎教效果不佳。为此，我们应树立正确的胎教观。

首先，胎教不是孤立的，而是受诸多因素的影响和制约的。每个人的身体各有差异，胎教的实施效果受到自身修养的水平、对胎教接受的程度以及环境因素等多方面影响。

其次，家长应以科学的态度审视胎教。现代医学为胎教提供了可行的依据，也有诸多实验、实例证明了胎教实施的可能性。父母应相信科学的胎教，绝不神化胎教；肯定胎教的结果，绝不夸大胎教的作用；保留对胎教的认识，不拒绝对胎教的尝试。

总之，以正确的态度看待胎教，科学地实施胎教，从而收获胎教的良好效果，这便是我们倡导的胎教观。

6. 实施胎教的三个关键期分别是什么？

关键期一：脑细胞形成期（孕1~8周）。

这一时期胎儿的"先天遗传"已经确定，从怀孕第8周开始，胎儿已经有了基本雏形，可以正式称作胎儿，而非胚胎了，胎教重点是补充营养。

关键期二：脑细胞增殖期（孕20~30周）。

此时胎儿的听觉、视觉等神经系统陆续发展，20周后，脑细胞的发育变得愈来愈复杂，胎动开始出现，胎教重点是用多种方式给予宝宝良性刺激。

关键期三：脑成长活泼期（孕30周~出生后）。

胎儿的脑部基础发展在怀孕4个月左右就已全部成形，此时做胎教，是奠定胎儿日后许多能力发展的关键。

7. 是否有必要报专门的胎教班?

随着国家生育政策的开放和人们对胎教的重视,越来越多的胎教培训机构开始走上了市场。很多准妈妈和准爸爸对此不够了解,不知道自己是否需要报专门的胎教班,其实,这可以根据自己的实际情况来定。

胎教班主要教授的是孕期胎教和保健课程,大多汇集了一些胎教研究专家和专业的孕期保健指导医生,遵循胎儿发育的规律,并结合准妈妈不同的孕期阶段和个人体质,有针对性地为准妈妈提供多种孕期胎教和保健课程,如信息、音乐、绘画、语言、光照、抚摸、数学空间等,为全面开发宝宝的各项潜能打下坚实的基础。

但胎教班普遍收费偏高,如果经济条件允许的话,准妈妈可以考虑报一个专门的胎教培训班,系统学习胎教的知识和经验。不然,自己在家里做胎教也可以。由于胎教注重的是有规律、系统化的教育,所以,准妈妈自己在家做胎教时,最好参考几本胎教书,或上网查阅相关资料,充分了解和掌握胎教的基本知识,并在每天的固定时间段有规律地进行胎教。

8. 做音乐胎教时,固定听几首歌效果会更好吗?

音乐胎教法是很多准妈妈喜欢的胎教方式,但究竟选择哪种听音乐的方式会比较好呢?专家提醒,在音乐胎教中准备几首固定的音乐是十分必要的,建议准妈妈每天在固定的时间听几首固定的节奏较明显的胎教乐曲,循环播放,隔段时间再换几首不同的曲子,让宝宝的大脑接受新的音乐熏陶。这样可以给宝宝形成固定的听觉记忆,并能通过旋律、速度及力度的变化影响人的神经系统功能。另外,如果在听音乐时,胎动明显,说明宝宝可能会更喜欢某一首,可以经常放。

9. 经过胎教的孩子是否以后学习会特别好？

国内外实践均表明，总体来说，受过胎教的儿童的智力发育明显优于一般儿童，学习成绩也更优异，但这并不是百分之百的。

经过良好胎教的孩子，在生命之初即能感受到父母的爱，往往表现得更聪明、更活泼，在语言能力、心理行为、学习能力、音乐感知、大运动能力等方面会优于没有经过任何胎教的孩子，也正因为如此，胎教属于优生学范畴。但孩子的学习成绩是受很多因素影响的，包括良好的学习习惯、自身的学习兴趣、健康的身体状况、良好的心理素质、老师和同学的人际影响及家庭条件和氛围等，胎教并非决定性因素。

10. 分娩后为什么要巩固胎教成果？

胎宝宝出生后，新爸爸和新妈妈要继续实施相关的胎教训练，复习胎教内容，巩固宝宝在妈妈腹中时的胎教成果。

一般来说，接受过胎教的宝宝已经做好了学习和认知的准备，在出生后及时巩固，反复给孩子进行与胎教内容相关或相同的刺激，能防止宝宝遗忘，逐渐回忆起胎教时学到的东西，从而让孩子真正先人一步。

要巩固胎教成果，可以选择给宝宝读一读之前读过的故事，播放听过的音乐曲目，以加深他的印象；让宝宝看一下在胎儿期"看"到的物品，不妨将之前的道具如卡片、积木、布书等拿给宝宝看，并反复强调这些道具的名称，宝宝或许对这些东西非常熟悉，这样他在胎内学过的东西就可能慢慢反馈回来；要记得继续跟宝宝说说话，在宝宝睁开眼睛时，用充满欢乐和爱意的声音唤起宝宝在胎内的声音记忆，还可以继续唱歌给宝宝听，可以使宝宝表现得和你更加亲近。

孕早期经典胎教——用爱呵护小胚芽

胎教要趁早,孕早期宝宝的生长发育对整个孕期起着至关重要的作用,爸爸妈妈不可因胎儿还处于胚胎状态而忽略了胎教的作用。胎教的进行需要爸爸妈妈对宝宝有足够的爱,这是保证胎教质量的前提,在爱的关怀中,进行多种胎教,能为宝宝身体、智力等各方面的发展打好基础。

Chapter 2

一、孕1月，你就这样悄悄地来了

卵子和精子在准爸妈的期盼下，努力结合在一起，生命便这样悄然诞生了。虽然大部分准爸妈并不一定会立即得知这个消息，但低调的小宝贝已经来了。有关胎教的知识，准爸妈可以开始做初步了解，以一个良好的开端迎接宝宝的到来。

1. 妈咪宝贝的变化

孕1月妈妈的身体变化

在怀孕的第一个月，很多孕妈妈并不会发现自己其实已经怀孕了，因为这时孕妈妈的身体变化非常小，孕妈妈自己或其他人都很难察觉到。不过，也有一些敏感的孕妈妈在下次月经没来之前就隐约感觉到自己怀孕了。

孕妈妈1周时 医生根据末次月经的第1天来确定怀孕期，所以，在孕第1周，孕妈妈实际上还处于月经期。随着月经的结束，子宫内膜重新变厚，准备排卵。

孕妈妈2周时 在卵巢中开始孕育一个成熟的卵子，本周末前后将发生排卵。此时，阴道分泌物开始增多，且无色透明，孕妈妈可能会感觉到有轻微的疼痛。

孕妈妈3周时 如果在排卵期实施"造人计划"，那么精子和卵子将在此期间结合，形成受精卵，这代表着孕妈妈正式怀孕了。

孕妈妈4周时 孕妈妈可能会出现轻微的流血现象，这是由于受精卵着床后引起的出血。一些敏感的孕妈妈还会感觉疲劳乏力，持续低热，这是妊娠开始的标志。

● 孕1月胎儿的发育状况

本月,胎儿将以一颗受精卵的形式,通过反复的细胞分裂和移动,最终在妈妈的子宫里正式"安寨扎营",成为一个小小的"胚胎"。新生命的形成总是这样神秘而奇妙,虽然我们无法亲眼看见,也感觉不到,但它已然存在。

胎儿1周时 孕妈妈还在月经期,胎宝宝实际上并不存在,只是以卵子和精子的"前体"状态,分别存在于孕妈妈和准爸爸的体内。

胎儿2周时 本周周末前后,卵子和精子相遇并结合,形成受精卵,新的生命便诞生了。

胎儿3周时 受精卵反复地进行细胞分裂,并缓慢地向子宫移动,最终在子宫内膜着床,成为"胚胎"状态。

胎儿4周时 此时胚胎细胞尚处于非常稚嫩的阶段,且非常小,只有0.36~1.00毫米长。接下来的几周,胚胎细胞将开始快速地发育和成长,并形成不同的细胞群体,即胚层。不同的胚层将来会发育成不同的组织或器官,最终分化成一个完整的人体。

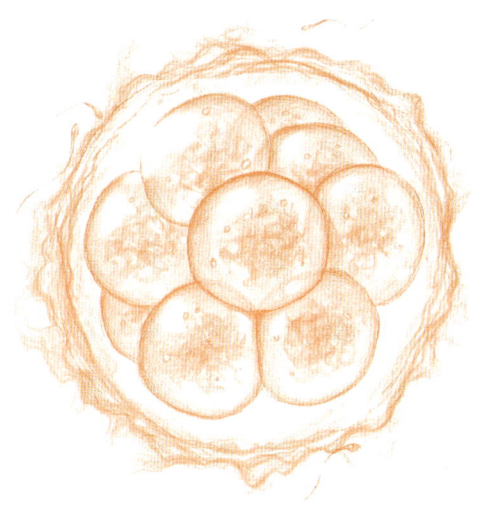

★本书按一般惯例将末次月经的第1天作为怀孕的第1天,即怀孕第1周的开始。怀孕通常发生在月经后的两周,所以胎宝宝的发育比实际孕周少两周。

2. 本月胎教重点

本月的胎教重点，是使孕妈妈精神和心情愉快，身体健康，这样可对胎儿产生微妙的良性影响。

很多刚刚怀孕的夫妇，认为胎儿还没有发育成熟，是不需要进行胎教的。殊不知，从准备怀孕开始，准爸妈就要做好相关的胎教准备，营造一个良好的胎教环境，这样才能激发出胎宝宝的全部潜能，从而孕育出一个健康可爱的胎宝宝。

- 做好孕前心理准备

孕育是一件神圣的事，充满了爱、自豪和喜悦。孕妈妈进行胎教的第一步，必须是对胎儿拥有一种深厚的感情，以满怀期待与喜悦的心情，等待着小生命的到来。同时，对胎儿的健康成长寄予美好的期望，这种期望及相应的行为也会对胎儿产生良好的刺激。

- 做好孕前身体准备

人的生命是从精子和卵子相结合的那一瞬间开始的，因此必须重视并努力创造一个优良的子宫内环境，以适应新生命生长发育的需要。在计划怀孕前的数月，就应做好身体准备，加强饮食营养、坚持运动、积极治疗疾病、注意劳逸结合、加强自身修养等，塑造健康好孕的体质。

- 记好胎教日记

准备一个日记本，开始写胎教日记吧！记录胎教的内容和胎宝宝的反应、孕期生活大小事，不必拘于形式，坚持下来就好。

准爸爸这样做

◎和孕妈妈一样做好孕前心理准备，以满满的爱和好心情迎接小生命的到来。

◎对于孕妈妈可能会出现的不良情绪应充分理解和体谅，努力让孕妈妈拥有好情绪。

◎及时进入胎教角色，可以给孕妈妈一个精美的日记本，协助孕妈妈写胎教日记，闲暇时和孕妈妈一起分享近期发生的事情，分享对腹中小生命的所有感觉。

3. 经典胎教推荐——写胎教日记：给宝宝的第一份见面礼

胎教日记可以记下新生命的全部孕育过程，记下十月怀胎的酸甜苦辣，记下准爸爸和孕妈妈孕育新生命的喜、怒、哀、乐，记下孕妈妈的衣、食、住、行等，甚至偶尔有的不适，如何就医、如何服药也可以记录下来，另外，还可以记下对腹中的胎宝宝进行胎教的全过程。

胎教日记可以简单地记录感受，也可以较具体地记录孕妈妈的生理保健、营养膳食及常见病防治，可以每天进行，也可以隔两天记一次。

总之，胎教日记可以记录一切你认为有意义的事情，以下几点尽量不要遗漏：

月经日期。

妊娠反应的起始及消失日期，有哪些明显的反应。

第一次胎动的日期，如果做了胎动监护，则记录下每日胎动的次数。

孕期出血，并记录出血量和持续时间。

孕期患病须记录疾病的起止日期，主要症状及用药品种、剂量、天数、不良反应等。

若不慎接触到有害物质，则应确切记录有害物质的品种、接触时间、不良反应等情况。

重要化验及特殊检查的结果，如血常规、血型、肝功能检查、B超检查、胎儿监护、胎盘功能检测等，这些都是非常有价值的资料，应妥善保存各种化验单、检查报告单。

在写日记时，孕妈妈应该从心里跟胎宝宝进行对话，还可以不定期地让准爸爸给孕妈妈拍些照片，贴在日记里。在宝宝出生后，爸爸妈妈可以把这本日记当作礼物送给宝宝，一定会比千言万语更能传达自己心中深厚的爱意。

4. 营养胎教

本月饮食原则

调整饮食习惯

怀孕后，孕妈妈应改变不良的饮食习惯，均衡摄入多种食物，五谷类、蔬菜类、水果类、蛋豆类、鱼类、肉类、奶类、油脂类食物都要适当摄入，不可偏食或挑食；一日三餐要定时进餐，不可不吃早餐；三餐之间可根据实际情况加餐，但要注意进食量，能够保证每日营养所需即可，不可贪食，吃得过饱；进餐时要细嚼慢咽，有利于食物的消化；进餐时应保持愉快的心情，有利于改善孕早期胃口不佳的情况。

远离污染食品

食物不安全对孕妈妈和胎儿都将造成严重的危害，在选择食物的过程中一定要注意食物的生产日期、原料、包装是否完好、有无变质等，有些食物容易受到农药、霉菌等有害物质的污染，购买时一定要选择天然新鲜的食材，新鲜蔬菜和水果食用前也要充分清洗干净。

少吃零食

不少女性都有吃零食的习惯，很多零食油脂高、卫生不合格、防腐剂等有害成分添加过多，容易引起孕妈妈肥胖，对胎儿的生长发育极为不利，所以孕后要减少零食的摄入。在零食的选择上要慎重，应坚持营养、卫生、适量的原则，尽量用坚果、水果等当零食，避免食用垃圾食品。

不可大量进补

有人认为怀孕后就应该大补，补品吃得越多对胎儿越好，其实这是一种错误的观点。有些孕妈妈进行孕前的调养，在怀孕初期通过正常饮食完全可以满足胎儿的营养需求，进补太多反而会影响孕妈妈正常的营养摄取，还可能会引起内分泌紊乱，加重身体负担，不利于孕早期胎儿的稳定，也可能会干扰胎儿正常的生理发育，导致胎儿将来性早熟。

本月关键营养素

叶酸

叶酸可提高孕妈妈的身体抵抗力，预防妊娠高血压，为胎儿提供细胞发育分裂过程中所必需的营养物质，促进胚胎神经细胞的发育。孕妈妈缺乏叶酸容易导致胎儿出现先天性疾病，一般孕前3个月和孕后3个月都应坚持服用。叶酸不可摄入过量，否则会产生不良反应，每天宜补充400微克。叶绿蔬菜、动物肝脏、牛肉等食物中富含叶酸。

蛋白质

孕初期，胚胎的生长发育、胎盘的增长以及孕妈妈自身都需要补充大量的蛋白质。如果蛋白质摄入不够，可能会造成孕妈妈抵抗力低下，孕期容易引发贫血、营养不良，甚至是妊娠高血压综合征等疾病，还会造成胎儿生长缓慢或发育畸形等。这个阶段孕妈妈每天宜补充蛋白质80~85克，可从猪肉、鸡蛋、黄豆、牛奶等食物中获取。

脂肪

孕后孕妈妈体内需要有一定的脂肪才能为胎儿提供好的生存环境。脂肪还可促进脂溶性维生素的吸收，帮助固定母体内脏器官的位置，使子宫内的环境更适合胎儿生存。如果孕妈妈脂肪摄入不足，就会导致免疫力低下，容易感染疾病，影响母体对维生素等营养物质的吸收。孕妈妈宜每天摄入20~30克脂肪，动物油和植物油都富含脂肪。

糖类

孕后妈妈的代谢增加，心肌收缩、红细胞代谢都要靠葡萄糖供应能量，如果糖类摄入不足可能会使孕妈妈经常有饥饿感，对胎儿早期身体和智力发育不利。糖类还能维持孕妈妈心脏和神经系统的正常功能，对增强体力很重要。孕妈妈每天至少要摄取150克的糖类才能满足身体所需，面粉、大米、玉米、土豆、山药中都富含糖类。

Chapter2　孕早期经典胎教——用爱呵护小胚芽

食谱推荐

清炖牛肉汤

原料 牛腩块270克，胡萝卜120克，白萝卜160克，葱条、姜片、八角各少许

调料 料酒8毫升

做法

1. 胡萝卜切滚刀块，白萝卜切滚刀块。
2. 锅中注水烧开，倒入牛腩块，淋入2毫升料酒，拌匀，用大火煮约2分钟，捞出沥干。
3. 砂锅注水烧开，放入葱条、姜片、八角、牛腩块、剩余料酒，余去腥味，加盖，烧开后用小火煲约2小时，至牛腩变软，揭盖，倒入胡萝卜、白萝卜。
4. 加盖，小火续煮30分钟，揭盖，拌匀，拣出八角、葱条和姜片，盛出即可。

鸡蛋包豆腐

原料 鸡蛋3个，豆腐230克，培根25克，彩椒10克

调料 盐3克，食用油适量

做法

1. 豆腐切开，再切成小块；彩椒切小块；培根切开，改切成小块，备用。
2. 把鸡蛋打入碗中，加入盐1克，拌匀，调成蛋液，待用。
3. 煎锅置火上，注入食用油，烧至三四成热，倒入豆腐块，小火煎约2分钟，至呈焦黄色，加盐2克、培根翻炒，放入彩椒，炒至食材熟透。关火将材料装盘，备用。
4. 用油起锅，倒入蛋液，小火煎一会儿，倒入炒过的食材，炒匀盛出即可。

5. 环境胎教

● 远离烟酒

抽烟喝酒对身体有百害而无一利，及时远离烟酒，是给腹中胎儿创造一个良好生长环境的重要一步。

烟中的尼古丁及一氧化碳会使胎盘的供血减少，容易使胎儿在子宫内生长迟滞，同时发生早产，甚至流产的概率也会增加。根据统计，抽烟的孕妇生下低出生体重婴儿（出生体重低于2.5千克）的机会是不抽烟孕妇的两倍！最近也有报告指出，孕妇若在怀孕后的前三个月抽烟，可能会使胎儿增加某些先天性缺

陷如：兔唇、裂颚发生的机会。抽烟会增加宫外孕、前置胎盘及胎盘早期剥离的机会，而后二者是怀孕后期子宫出血的主要原因。怀孕中抽烟或是经常吸入二手烟的话，小孩子将来比较容易有学习障碍或是行为上的问题。

酒精则属于亲神经物质，过量饮酒对大脑的危害很大，酒精慢性中毒亦会导致痴呆与小脑变性疾病，酒精还可使胎儿脑细胞脱水。由于目前科学研究不能够确定饮酒的安全剂量，所以，在准备怀孕前和孕期戒酒是十分明智的做法。

● 减少家电辐射

研究发现，怀孕早期的妇女如果接受过量的电磁辐射，其流产率有所增加，畸形胎儿的出生率也会提高。这证明了存在电磁辐射的环境对于胎宝宝来说是一个不利的生长环境。下面具体来看看不同家电的辐射情况及应对。

电磁炉。电磁炉的辐射主要取决于电磁炉的电磁波泄露值，电磁波泄露越多电磁辐射越强。因此，为减少电磁辐射伤害，建议选择正规品牌的电磁炉和铁、不锈钢制锅具。

微波炉。质量好的微波炉只有在门缝周围有少量电磁辐射，一般30厘米以外就基本检测不到了。所以孕妈妈使用

微波炉时，站在30厘米以外的距离上就是安全的了。

手机。接听手机时尽量佩戴耳机并且长话短说。手机在拨出后但未接通时辐射最强，此时要使它远离身体。建议孕妈妈在孕早期尽可能少用手机。

电视机。不要关灯看电视，与电视机距离不要低于2米，且连续看电视不要超过2小时。

电脑。身体与电脑屏幕保持30厘米以上的距离，避免在电脑背面作业。

● **避开不良的工作环境**

孕妈妈的工作环境也是胎宝宝要身处其中的一个重要环境。

从事化工行业的女工经常会接触某些化学物质，有些化学物质会对母婴健康造成严重危害，并且极易造成婴儿先天畸形。怀孕之前半年就应从这些岗位上调离。

如经常接触含铅、镉、甲基汞等重金属的化工产品，会增加孕妇流产和死胎的危险性，其中甲基汞可导致胎儿中枢神经系统的先天疾患。

铅与婴儿智力低下有密切关系。

妇女怀孕后如果经常接触到二硫化碳、二甲苯、苯、汽油等有机物，对孕妇和胎儿健康不利，流产发生率明显增高。

从事氯乙烯加工和生产的妇女所生的婴儿先天痴呆率很高。

除了化工行业之外，还有的妇女所从事的工作环境中有很多电脑设备，如IT行业、电视台等，最好尽早从这些工作岗位上调离。如果实在无法调离，也要及早穿着防辐射服，保护自己和胎儿免遭辐射危害。

另外，孕妇比一般人敏感，胎宝宝更是容易受到周围环境中的有害因素的影响。所以，新装修过后的房子至少要等半年以上时间，或者经过环境监测确认没有问题再入住，如果工作环境刚刚做过装修，也不能让孕妇马上进入其中工作。

6. 情绪胎教

● **不良情绪对胎宝宝的影响**

情绪是一种复杂的心理现象，胎宝宝所在的母体不断受着物理、化学变化的影响，因此，孕妈妈的一举一动、情绪是否稳定，都会对胎宝宝的身心健康产生影响。胎宝宝不是一直沉睡，毫无知觉，其实，孕妈妈的情绪变化，尤其是剧烈变化，会通过多种通道冲击到胎宝宝。如焦虑往往使出生后的宝宝多动、易怒、好哭。早期孕妈妈紧张、恐惧不安，会导致胎儿发生腭裂或形成早产儿及未成熟儿，巨大的恐惧还可以导致死胎，或足月胎儿体重过低。临产孕妈妈过度不安，肾上腺素分泌增加，还可能发生滞产或产后大出血、难产率增高等。

通过胎心仪可以发现，孕妇如果情绪激动、发怒，胎儿的心跳会加快。现在西医揭示了一个规律：人处于大怒大悲等不良情绪状态中时，体内的肾上腺素分泌会明显增加，有害物质也会大量产生，所以会危害人的健康；而保持心境的平和愉悦，体内则会产生有利于健康的一些物质。显然孕妇如能平和安宁、舒适愉悦地度过孕期每一天，孩子的身体健康、智力水平、完美个性才有可能得到保障和提高。

● **如何避免不良情绪**

孕妈妈在孕期要坚持有好的心情、好的心态。一颗平常心可以孕育一个天才，一双勤劳的双手可以描绘出一个漂亮的孩子，一个好的起居习惯可以保障整个孕期的顺利，保障母子平安，也是母子亲密、和谐的人生体验。

不良情绪需要疏导，否则积压过多会产生心理疾病。适当发脾气也是缓解压力的一种方法，不要怕自己哭出来，哭也是一种很好的宣泄途径。

孕妈妈遇到心理问题时不要回避，应主动地把自己的想法说出来，让家人和朋友帮助自己改善情绪。

有些孕妈妈认为抑郁、焦虑、担忧、恐惧是不健康的表现，出现后总想马上驱除，结果却是"剪不断理还乱"。事物都有一定的规律，让自身享受一下痛苦的过程，才能有反省后深刻的宁静。

最后孕妈妈还可多吃一些能让人心情变好的食物。如全麦面包中含有一种矿物质——硒，能提高情绪、抗抑郁。还有香蕉中含有可使神经"坚强"的色氨酸，还能形成一种叫作"满足激素"的血清素，它能使人感受到幸福。因而，孕妈妈多吃全麦面包和香蕉，可以保持心情愉快，还能预防抑郁症。

● 准爸爸要多关爱妻子

孕妈妈保持良好的情绪，有助于胎儿的健康生长发育及顺利分娩。有时，孕妈妈的情绪变化让准爸爸难以忍受，准爸爸此时应该尽量理解妻子，加以安慰，随时奉上几句贴心话，如"你受苦了，亲爱的"或"怀孕使你变得更可爱了"等。

家务琐事很繁重，生活中夫妻也少不了有矛盾。准爸爸应甘做"家庭妇男"，尽量抢着做家务，尤其是脏活重活；在某些事情上双方意见不一致的时候，注意控制情绪，切忌让孕妈妈激动。这样，便可减少夫妻之间的争执，使孕妈妈的心理得到满足。

孕妈妈的心理很脆弱，因而依赖性增强，心里对准爸爸有很多的希望。准爸爸应尽力满足这种特殊时期的情感需要，使孕妈妈保持安定平稳的情绪，这对于母子的健康都非常有益。

准爸爸要经常用幽默诙谐的语言，调节孕妈妈紧张消极的情绪，如"你总这么愁眉苦脸、闷闷不乐的，我们的宝宝看到了多不好意思啊"。

孕妈妈心理状态不佳或情绪不好，多是担心自己和胎儿出现各种不测，以及害怕分娩。准爸爸要与妻子一起学习分娩知识，对各种异常情况的预防和处理都要有所了解。这样，有助于消除孕妈妈的紧张心情。

7. 音乐胎教

● 从轻音乐开始，安心养胎

怀孕第1个月，音乐是胎教的良好选择，可以根据怀孕不同阶段选择不同的音乐曲目。妊娠早期，孕妇情绪容易波动，还可能产生不利于胎儿生长发育的忧郁和焦虑情绪，因此，这个时期的孕妈妈最好听一些轻松愉快、诙谐有趣、优美动听的音乐，使不安的心情得以缓解，精神上得以放松。

在开始进行正式的音乐胎教前，先选择让自己觉得特别放松和愉快的音乐。由于巴洛克音乐或类似巴洛克音乐的慢节拍，比较接近胎儿从子宫中听到的孕妈妈在休息状态下的心跳声，所以专家建议采用这一类的音乐。要是孕妈妈不喜欢古典音乐，那么任何令你心情放松的音乐，除了硬摇滚和迷幻摇滚以外都可以。孕妈妈要利用听音乐的时间多和宝宝沟通交流。

● 孕1月如何做音乐胎教

胎教音乐的选择应该尊重孕妈妈的意愿，不勉强听一些不喜欢的曲目。

胎教音乐应该根据宫内胎音选择合适的音乐，节奏感过强、音量过大和频率过高的音乐都不能使用。

孕妈妈应该根据宝宝的反应及时调整音乐曲目，以积极向上的音乐为主。

音乐胎教时间应该合理，规律性的音乐胎教可以从孕早期开始，每次持续时间控制在5~10分钟，不超过20分钟。

孕妈妈和播放器的距离不能太近，在离腹部2~5厘米的地方，耳机不能直接放在腹部。

一首曲目反复地聆听胎儿才记得住。建议孕妈妈每天上、下午固定的时间点各听一次，养成良好的习惯。

进行音乐胎教前应选择一个舒服的坐姿，可以半坐或靠在沙发上，不要躺着，不然胎儿会睡着的。

购买音乐播放设备时，应注意选择专业的胎教播放设备。

二、孕2月，悉心护胎正当时

当小宝贝正在按照自己的步调快速成长着的时候，他会时常以一种让孕妈妈不怎么舒服的方式来宣告自己的存在。孕妈妈可千万不能"上当"，而是应该冷静下来，慢慢适应身体的变化，需知"宁静养胎即胎教"。

1. 妈咪宝贝的变化

孕2月妈妈的身体变化

总觉得恶心想吐、疲倦乏力，时不时地觉得心情烦闷……许多孕妈妈的身心也有了转变。对于这种转变，或许你会感到困惑，但这一切都是为了孕育宝宝而产生。所以，请放宽心，跟着自己的步调，好好与自己的身体相处吧！

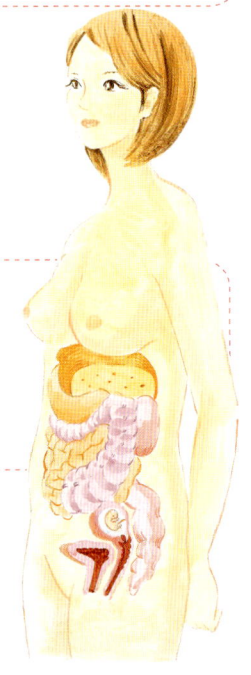

孕妈妈5周时 一向准时的月经推迟了，很多孕妈妈直到这时可能才意识到自己应该是怀孕了。为了证实自己的感觉，不妨去药店购买早孕试纸或验孕棒测试一下吧！

孕妈妈6周时 由于激素的作用，可能会感觉到乳房增大、变硬、胀痛，乳头突出明显，乳晕颜色加深。"害喜"反应开始出现了，很多孕妈妈在早晨起床后会感觉到恶心想吐。

孕妈妈7周时 早孕反应越来越明显，可能还会时常感觉到困倦、尿意频繁，甚至浑身乏力、情绪多变。大部分时候会食欲不振，但也会突然想吃某种食物。

孕妈妈8周时 外表看不出有多大变化，不过子宫增大了。子宫成长时，部分孕妈妈腹部会出现痉挛，导致腹痛。乳房依然处于发胀、敏感的状态。

● 孕2月胎儿的发育状况

这个时候的宝宝依然是个小小的"胚胎",看起来就像个"小海马"。慢慢地,"小海马"的尾巴逐渐变短,宝宝的头、身体和四肢也能大致区分了。孕2月是胎儿一些重要器官形成的关键期,孕妈妈一定要格外留心致畸因素的影响。

胎儿5周时 胚胎长约0.6厘米,大小像苹果籽一样。胚胎细胞发育特别快,主要的器官如肾脏和肝脏已经开始生长,连接脑和脊髓的神经管开始工作。本周末宝宝的心脏也开始有规律地跳动和供血了。

胎儿6周时 肝、肾、肺等重要器官继续发育,能够看到嘴和下巴的雏形。脐带、羊膜囊(内含羊水)也开始慢慢形成。

胎儿7周时 小胚胎长约0.8厘米,形成了2毫米左右的胎盘。宝宝神经系统和循环系统的基本组织开始分化,80%的脑和脊髓的神经细胞开始形成。

胎儿8周时 小胚胎长约1.2厘米,开始长出肢体的幼芽,眼睑开始出现褶皱,鼻子部位也渐渐挺起,牙和颚开始发育,耳朵也在成形,手指和脚趾间可见少量蹼状物。胎宝宝看起来初具"人形"了。

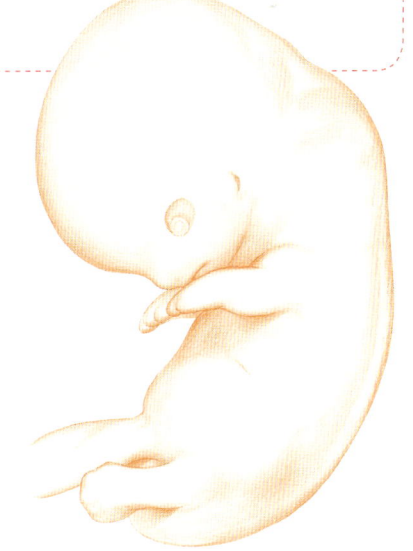

2. 本月胎教重点

本月胎教的重点应以情绪胎教为主，准爸爸和妈妈都要保持愉快的心情，让胎儿健康舒适地成长。

怀孕周期进入第2个月，此时胎儿的脑部开始慢慢发育，对外界的刺激反应更加敏感，尤其是对母体的激素反应。孕妈妈的情绪都会直接影响到宝宝。所以，这一阶段的胎教重点应以情绪胎教为主。

情绪胎教是保证母婴心理健康的一种重要胎教方法。在孕2月，孕妈妈可能才刚刚发现自己怀孕，身份的突然转变，体内激素水平的变化，以及可能会出现的各种妊娠不适反应，都会导致孕妈妈的情绪波动较大。而孕妈妈的情绪会引起体内化学物质的变化。虽然孕妇和胚胎的神经系统没有直接联系，但血液和内分泌之间的联系一直存在。所以，如果孕妈妈总是处于焦虑不安或紧张的情绪中，血液中分泌激素的浓度就会产生变化。而这种变化胎儿能够敏感地感应到，进而也会感到不安。而且，孕2月正是胚胎脑和神经系统、面部器官形成和发育的关键时期，孕妈妈的不良情绪还会导致胎儿的很多先天性疾病，如听力缺陷、唇裂等。

所以，孕妈妈怀孕时不但要注意营养与休息，还应控制自己的情绪，保持心情平稳，对将来胎儿的情绪、性格、健康、心理都能起到良好的影响。

准爸爸这样做

◎和孕妈妈一起学习孕期及分娩知识，对各种异常情况的预防和处理也要有所了解，这样有助于消除孕妈妈的紧张和不安。

◎引导孕妈妈爱护腹中胎儿，包容孕妈妈怀孕后变得脆弱和敏感的神经。

◎陪孕妈妈观看一些温暖的、能激发母子情感的影片或图书，多与她交流胎儿的情况。

3. 经典胎教推荐——试着想象宝宝的样子

想象是一种胎教方法,是通过想象美好的事物,使孕妈妈自身处于一种美好的意境中,再把这种美好的情绪和体验传递给宝宝的过程。有关研究表明,如果孕妈妈经常用想象设计胎宝宝未来的样子,宝宝出生后的模样会与想象中的形象有几分相似。其原因有两个,一是孕妈妈和胎宝宝在心理和生理上的联系。孕妈妈的想象是通过自己的意念构成胎教,并转化渗透到胎宝宝的身心之中;二是孕妈妈在做胎宝宝的形象构想时,情绪达到最佳状态,这能促进良性激素的分泌,使胎宝宝面部结构及皮肤都发育良好。

想象一下,胎宝宝长得比较像爸爸还是像妈妈?你希望他的性格是什么样的?你希望他将来成为一个什么样的人?还可以想象一下胎儿在羊水中安详地睡眠,一副惹人喜爱的样子。当孕妈妈察觉到胎动时,就可以想象胎儿在欢快地从睡眠中醒来,伸脚动手打呵欠的可爱模样。

孕妈妈可以为将出生的胎儿做形象设计:取各人相貌中最理想而具有特点的部位,如爸爸俊俏的眉毛、妈妈漂亮的眼睛等加以组合,想象成未来宝宝的可爱形象。尽可能想象一切美好、健康、积极的因素,并盼望着他的到来,用自己的意象塑造想象中的胎宝宝,这种强化"我的孩子应该是这样"的愿望,对塑造理想中的胎儿是有积极意义的。一旦将设计的胎儿形象确定下来,孕妈妈就要经常联想,反复使这一形象具体清晰,并在心中不断地呼唤。

在房间里挂几张漂亮的宝宝像,孕妈妈可以每天想象腹中的胎儿也是这样的健康、美丽、可爱,宝宝出生后也会更加可爱。

当那些想象中的画面一一出现时,孕妈妈身上的每一个细胞都会变得兴奋而充满活力,这些"心理图像"会给你带来更多美好的体验。

4. 营养胎教

本月饮食原则

🥛 **饮食宜清淡**

本月不少孕妈妈的早孕反应较为明显，食欲可能会下降，饮食应以清淡、易消化的食物为主，多吃新鲜蔬菜和水果，减轻孕妈妈的肠胃负担和促进营养的吸收。辛辣、刺激性食物容易增加肠胃负担，造成上火等，只会增加孕妈妈身体的不适，加重早孕反应，应少吃。

🥛 **坚持少食多餐**

早孕反应导致孕妈妈胃口不佳，会影响孕妈妈每餐的进食量，为了满足胎儿和母体的营养需求，每天可以吃 5 或 6 餐。胃口好的孕妈妈每餐也要控制进食量，以免食物摄入过多，引起腹胀，不利于消化，每顿饭保证在 7 分饱即可。

🥛 **注意补充水分**

孕妈妈新陈代谢旺盛，容易出汗，再加上机体物质消耗和孕吐反应会损失一部分体液，所以需要及时补充水分。一般孕妈妈每天应喝 1200 毫升的水，不宜过多，以免加重肾脏负担。

🥛 **多吃绿叶蔬菜**

孕早期胎儿尚不稳定，应该多进食能为胎儿提供营养的食物，绿叶蔬菜的营养丰富，含有多种维生素和其他营养物质，而且容易被孕妈妈消化吸收，能减少胎儿的致畸率，增强孕妈妈体质。需要注意的是，绿叶蔬菜中的营养素容易在烹饪过程中遭到破坏，烹饪时千万不要炒久了。

🥛 **酸味食物不宜摄取过量**

有些孕妈妈偏好酸味食物，适当吃可促进食欲，改善肠胃不适，但不宜过量吃。因为孕早期胎儿耐酸度低，如果孕妈妈摄入过多经过加工的酸味食物，会影响胚胎细胞的正常分裂增生，容易导致胎儿发育畸形。

本月关键营养素

锌

锌是促进胎儿生长发育所必需的营养素,能维持人体各功能的正常运转,保护体内的酶系统和细胞。锌还可以有效缓解孕妈妈的孕吐反应。如果孕妈妈缺乏锌,就会使食欲下降,味觉出现异常,还会使胎儿大脑功能不全,影响其智力发育,出现发育畸形,增加胎儿的死亡率。孕妈妈每天可摄入20毫克左右的锌,牛肉、猪肝、鱼、南瓜、黄豆、绿豆、花生、核桃等食物中都含有丰富的锌。

碘

碘是构成人体甲状腺的重要成分,如果孕妈妈缺碘,就会影响体内甲状腺激素的合成,造成甲状腺肿大,还可能影响胎儿的甲状腺发育,且宝宝出生后容易患上呆小症。孕妈妈补充碘的关键时期在孕前3个月,补充的时间太晚,将无法挽回宝宝智力发育的缺陷。孕妈妈每天宜摄入175微克碘,海带、紫菜、海鱼、虾等食物含有丰富的碘。

铁

怀孕初期如果孕妈妈的血液里缺铁,就会加重早孕反应,出现贫血的症状,所以孕妈妈应尽早补充铁,以预防缺铁性贫血及其带来的不良后果。孕早期孕妈妈每天可摄入15～20毫克铁,动物肝脏、鱼、贝类、豆类、海藻类食物中铁含量丰富。

维生素 B_6

维生素 B_6 的补充在整个孕期都很重要,如果孕早期孕妈妈缺乏维生素 B_6 会影响人体对蛋白质、脂肪、糖类等的吸收,引起神经系统和血液系统疾病,还会加重孕妈妈恶心或呕吐的现象,造成反复呕吐,严重的可致胚胎早期发育不良。孕妈妈每天宜摄取2.2毫克的维生素 B_6,瘦肉、鸡肉、鸡蛋、胡萝卜、菠菜、土豆、香蕉中维生素 B_6 含量较高。

食谱推荐

海带丝拌菠菜

原料 海带丝230克,菠菜85克,熟白芝麻15克,胡萝卜25克,蒜末少许

调料 盐2克,生抽4毫升,芝麻油6毫升,食用油适量

做法

1. 海带丝切段;胡萝卜切片,再切细丝。
2. 锅中注水烧开,依次放入海带、胡萝卜、少许食用油,搅拌匀,煮至断生,捞出,沥干水分,待用。
3. 另起锅,注水烧开,倒入菠菜,加入少许食用油,煮至断生,捞出,沥干水分。
4. 取一个大碗,倒入海带、胡萝卜、菠菜,拌匀,放入蒜末、盐、生抽、芝麻油、熟白芝麻,搅匀,装盘即可。

鸡茸豆腐胡萝卜小米粥

原料 小米、鸡肉各50克,豆腐、胡萝卜各30克

调料 盐适量

做法

1. 鸡肉切丁,豆腐切块,胡萝卜切圆片。
2. 电蒸锅注水烧开,放入胡萝卜,加盖,蒸13分钟至熟透,揭盖,倒入大碗中,用勺子将胡萝卜压碎。将鸡肉、豆腐用绞肉机打碎,将鸡肉泥倒入碗中,加入盐,制成丸子,倒入碗中,注入开水,烫至半熟捞出装盘。将小米洗净,浸泡30分钟。
3. 奶锅注水烧热,倒入小米,煮沸,加盖,小火煮20分钟,揭盖,倒入胡萝卜、丸子,加盖,续煮2分钟,揭盖,装碗即可。

5. 安全胎教

● 孕初期洗澡有讲究

孕期洗澡可以选择泡温水澡的方式清洗身体污垢，孕期泡澡的时候要注意以下问题：

温度

水温以 35～39℃为宜。孕妈妈可用手肘测试一下水温，和手肘温度差不多即可。也可借助温度计，泡澡的过程中应随时注意温度计的变化。须知高于39℃的水温只需要 10～20 分钟的时间就能够让孕妈妈的体温上升至38.8℃甚至更高，由于孕妈妈的血液循环有其自己的特点，有的可能会因为热水的过度刺激，致使心脏和脑部无法负荷刺激，出现休克、眩晕和虚脱等情况。孕妈妈千万不能洗冷水澡，因为大量冷水刺激会使孕妈妈的血管短时间内收缩，使得子宫中的血供应减少，胎儿会因此缺少氧气和养分供应。

时间

泡澡时间不能超过30分钟。长时间浸泡在高温热水中，会使母体体温暂时升高，破坏羊水的恒温，损害胎儿的中枢神经系统。

安全

浴室内应增添防滑垫以防滑倒。泡完澡之后不要随意对脚部进行按摩，因为脚底是很多部位的反射区，随意按摩，可能引起宫缩，导致流产。

● 避免剧烈活动

在小生命还没有十分稳定的孕早期，孕妈妈不适宜做剧烈的运动，以免引起流产或阴道流血等。可选择缓和的运动，其中散步是较适宜的运动，它有利于孕妈妈和胎儿的身体健康。

如果孕妈妈以前有散步的习惯，那么要继续保持；如果以前不是很喜欢散步，也可慢慢开始，轻缓步行 20～30 分钟让自己的身体慢慢活跃起来。散步时，不要走得太急，要放松步伐，慢慢走，不要使身体受到震动。散步时应选择风和日丽的天气，出现雾、霾、雨、风及天气骤变时最好不要外出，以免感冒。

此外，孕妈妈还可以选择游泳、孕妇体操等运动。原本运动强度不大，且孕前习惯的运动仍可继续进行。但孕早期的运动时间不能太久，否则会导致胎儿摄取不到足够的氧气，而影响发育。

孕早期的运动一般以孕妈妈不感到疲劳为度；也可把运动停止后 15 分钟之内心率能恢复到运动前的水平作为衡量运动量适度的标准。

如果身体不大好那就最好不要做运动了，因为本月胚胎在子宫里还未稳定，运动失当很可能会导致流产。

● **充分休息，避免疲劳**

在妊娠中，睡眠时间要比平时多一个小时，但最低也要保证 8 个小时。睡眠不足会增加疲劳感，因此，不管工作、家务多忙，也要保证睡眠时间。

孕期还要注意经常休息，满足身体的需求。想休息就休息，想睡就睡一会儿，如果违背身体要求，勉强地干各种事情就会对身体不利。所以当知道自己怀孕了就应自觉控制自己的行为，减少一些日常活动，取得充分的休息时间。特别是曾有过流产史，或这次妊娠也有流产危险的人，更应按医生的意见，保证休息。有的时候，孕妇行动不便，往往容易不知不觉地操劳过度，这就一定要安排好休息时间，哪怕休息 5 ~ 10 分钟，身体的疲劳程度也会不一样。做事务性工作的人如长时间用同样的姿势持续工作，或全力以赴地想做好一件事中间不休息是不行的，容易导致疲劳，所以只要有一点时间就要休息。休息可以利用各种环境和条件，长时间站立的人，应找时间坐一会，同样长时间坐的人也要站起来动一下，变换姿势，舒展手脚。可以到户外轻松走几步，呼吸新鲜空气，有助于转换情绪，消除疲劳。可以在休息室躺一会儿，也可以在椅子上悠闲地坐一会儿，这样一定会对你和你的胎儿有利。

6. 情绪胎教

● **宁静养胎即教胎**

孕妈妈的情绪不仅可以影响到自己的身心健康，还对胎儿的发育产生着深刻的影响。怀孕第2个月应该继续树立"宁静养胎即教胎"的观念，确保孕妇的情绪乐观稳定，切忌大悲大怒，更不应吵骂争斗，力求始终保持平和的心态。

怀孕两个月左右，孕妇会有早孕反应，除了恶心呕吐之外，还会出现口中发酸、头痛、肩膀僵硬、腰痛、倦怠、焦躁等现象。不同的孕妇，早孕反应也有不同的表现，有的孕妇反应很重，会觉得很不舒服，因此将怀孕视为可怕的事情，从而影响了自己的情绪，再加上考虑到有关分娩的这样和那样的问题，有时会很烦躁。孕妈妈千万不要无休止地烦躁下去，因为此时的胎儿已经能够感受到母亲的反应了，这种情绪会通过母体直接传递给体内的小生命，影响胎儿的正常发育，所以，孕妇要学会自我调节。

孕妈妈应该尽量做一些令自己愉快的事情，使心情舒畅，才会对宝宝有利。家人也应该理解和体谅孕妇，尽量为她创造一个良好的环境，解除其顾虑，丰富孕妇的精神生活，使其保持愉快的心情，这样有利于胎儿的健康成长。

● **为胎宝宝营造美好情调**

孕妈妈可以制造浪漫的情调，与准爸爸设想宝宝来临的各种美好情景，把心中对宝宝的憧憬和渴望当作最初的胎教。良好的心态、积极的情绪，不但有利于孕妇的健康，对宝宝神经系统的发育也有很大的影响。

孕妈妈可以自己动手增添生活情趣，如种几株花草、喂养几条漂亮的小鱼等。在居室内进行绿化装饰，应以轻松、温柔的格调为主。无论盆花还是插花装饰，均以小型为佳，不宜大红大紫，花香也不宜太浓。身处被花朵装饰得清新雅致的房屋里，一定会有舒适轻松的感觉，这更有利于胎宝宝的健康成长。

准爸爸可以时不时地为孕妈妈下厨，准备一次浪漫的烛光晚餐，通过蜡烛、墙纸、窗花等营造浪漫的氛围，让孕妈妈在家也能吃上健康美味的大餐。孕妈妈时常沉浸在这种温馨美好的气氛之中，心情自然会好起来，这时的胎宝宝也跟着享受，十分有利于宝贝的健康成长。

● 准爸爸要包容孕妈妈的不良情绪

孕酮和雌激素是调节生殖期的雌性荷尔蒙，它们会让孕妇孕期情绪多变。尽管如此，大部分的孕期情绪波动还是由于怀孕女性自身的心理变化而产生的：怀孕对于女人来说，是一个巨大的变化。孕妈妈可能因为想到有宝宝而欣喜若狂，然后，马上又开始担心未来。在孕早期，女性会担心流产，没有做母亲的心理准备，同时早孕反应带来的疲劳，怀孕与工作的矛盾，都会成为她们恐惧焦虑的来源。

除此之外，孕妈妈的坏情绪还可能来源于：担心自己是否有能力孕育一个健康聪明的小宝宝；接触了对胎宝宝不利的因素，如电脑、装修材料、药物、不良环境、噪音、宠物等，担心会引起胎宝宝畸形等。

孕妈妈身体不舒服或心里有负担的时候，特别爱发脾气。准爸爸一定要理解、宽容、谅解孕妈妈，不可和孕妈妈对着来，要幽默一点，给她讲个笑话，让她心情好起来。孕早期出现各种不适，如恶心、无力、嗜睡等，准爸爸要语言温柔，体谅孕妈妈，多安慰她。如呕吐时为她递上一杯白开水，睡觉时为她盖上被子，等等。

7. 音乐胎教

- **孕妈妈聆听舒缓的昆曲**

昆曲是发源于14、15世纪苏州昆山的曲唱艺术体系,揉合了唱念做表、舞蹈及武术的表演艺术。昆曲在2001年被联合国教科文组织列为"人类口述和非物质遗产代表作"。昆曲的节奏很舒缓,十分适合孕妈妈聆听。孕妈妈聆听的过程中,不妨细细品味昆曲的典雅优美的词牌。

昆曲里有影响的常见剧目有:汤显祖的《牡丹亭》《紫钗记》《邯郸梦》《南柯记》,沈璟的《义侠记》等。

《邯郸梦》赏析

《邯郸梦》是汤显祖著名的"临川四梦"之一,演绎的是卢生"黄粱一梦"的故事。这部长达三十出的传奇戏,展现的是中国上千年封建社会知识分子典型的人生道路。由科举功名到高官厚禄,由妻荣子贵到光宗耀祖,由钟鸣鼎食到声色嗜好,由生前享受到死后封荫,其中穿插着宠辱兴衰的交替、贤良奸佞的倾轧、否泰循环的遭遇。卢生原来务农,家有田亩,年年丰收,生活富裕,但他并不满足。他所向往的是"建功树名,出将入相,列鼎而食,选声而听"。正是这种欲望驱使他在仕宦之路上奔走颠沛。他先攀了门富贵姻亲,同著名望族崔氏结了婚。然后用崔家的金银贿赂与买通朝廷中的权贵,考上状元,当上了翰林学士,负责起草皇帝的文书。他借此方便伪造文书替妻子弄到了诰命一品夫人的荣耀,此后历经陕州知州、河西陇右四道节度使兼大将军,开河御边,封为定西侯,官升兵部尚书同平章事。当上了丞相。不久遭到流言诽谤,判处死刑,后赦免流放海南崖州。三年后皇上恩赦归京,重新拜为首相,封越国公。皇帝赐府第、园林、田庄、名马、女乐、财宝无数,子孙都荫官封爵。这是一个极富浪漫主义色彩的"旷世奇梦",无论从文学价值还是艺术价值而言,它都是一部历经百年,值得传唱千古的不朽佳作。

三、孕3月，孕吐与快乐交织的幸福时光

孕3月，胚胎急速发育，孕妈妈的身体有了新的变化，怀孕的幸福感更真切了，不过伴随而来的还有越发强烈的早孕反应、应接不暇的产检项目以及对流产的恐惧。这时，可选择一些有针对性的胎教方案，如安全胎教、情绪调教、音乐胎教等。

1. 妈咪宝贝的变化

孕3月妈妈的身体变化

本月，孕妈妈的身体外观变化可能依旧不大，不过孕期不适反应或会进入巅峰期，尤其是在前2周，孕吐可能会非常严重。此时，孕妈妈需注意多休息，能吃就吃，但也不要勉强。只要克服这段时间，再过一阵，孕吐期就会结束了。

孕妈妈9周时 体重没有增加太多，但子宫已经增大近2倍，乳房也更加膨胀，乳头和乳晕颜色进一步加深。提供给胎儿的血液量在增加，输送给妈妈的血液相对减少，在站起来时可能会感觉到头晕目眩。

孕妈妈10周时 腹部的变化看起来不大，不过孕妈妈自己已经能感觉到了。情绪波动可能会很剧烈，可能刚才还在眉开眼笑，转眼间就会闷闷不乐，这是激素变化引起的。

孕妈妈11周时 血液循环加快，可能会时常感觉到口渴。早孕反应开始减轻，食欲逐渐增加。过不了多久，孕妈妈可能就会感觉到自己的腰围变粗了，体重也增加了约1000克。

孕妈妈12周时 脸和脖子上可能会出现黄褐斑，从肚脐到耻骨的地方可能会出现一条垂直的妊娠线。

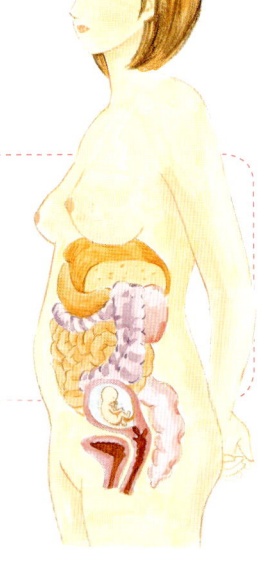

● 孕3月胎儿的发育状况

本月后期,宝宝已经有了人的雏形,是个"胎儿"了。妈妈的孕吐反应可能会很严重,但只要还在正常范围内,胎儿就依然会顺利地发育和成长。到本月末时,胎儿的脑细胞发育已大致完成。虽然还感觉不到胎动,但宝宝的身体和手脚会动了。

胎儿9周时 长尾巴逐渐变短,手和脚、骨头和肌肉纤维都在迅速发育和成长。面部器官已经明显。小胚胎长约2厘米,重约4克,形似红豆。

胎儿10周时 虽然身体比例还不太和谐,但已经能够辨认出人的形状了。大脑发育迅速,四肢开始变长,已经可以看到手指和脚趾了。内部器官大部分已成形,在接下来的时间会发育得越来越完整。

胎儿11周时 小尾巴不见了。胎儿的骨头开始形成,脊柱上面已经发育出了最初的肋骨。胎儿的颈部逐渐变得有力,鼻孔已经形成了,下巴开始慢慢变尖。

胎儿12周时 生殖器官开始发育。耳朵形成。眼皮长出了,但还不能睁开眼睛。手腕已成形,脚踝开始发育,手指、脚趾清晰可见。手、脚、头以及全身都可以在羊水中灵活地动了。

2. 本月胎教重点

孕3月是胚胎发育和各器官形成的重要时期，胎教重点应以安全为重点，辅以情绪胎教、抚摸胎教和音乐胎教。

此时进入了怀孕早期非常关键的时期，胎儿各器官继续快速发育，但也非常脆弱，容易因各种因素而流产或发育不良。所以，孕妈妈在这个月的行动一定要非常小心，衣、食、住、行等方方面面都需要特别注意，同时需要避免可能会引起流产的各种行为，如错误用药、夫妻性生活等。如遇异常，一定要听取专业医生的建议。

另外，怀孕3个月的时候，是胎儿脑部和四肢发育的关键时期，胎儿在妈妈体内已经开始有了自己的活动，所以这时候可以开始抚摸胎教和语言胎教了，孕妈妈要时刻牢记胎宝宝的存在，经常抚摸他，和他说说话，陪他一起听音乐，他都能初步感受到了。

● **情绪胎教依然不能忽视**

除了安胎胎教、抚摸胎教、语言胎教以及音乐胎教之外，本月还需继续加强情绪胎教。因为胎儿大脑的快速发育，孕妈妈的心情和思想都能够影响到胎儿了。然而，由于生理功能的变化，加上各种产检项目，以及对流产的恐惧和担忧，所以，本月也是孕妈妈情绪波动较大的时期。为了胎宝宝的健康发育，孕妈妈一定要注意避免不良的情绪，可以多听音乐、阅读美文、多欣赏美丽的风光等，以此舒缓情绪、陶冶情操，并对腹中胎儿起到潜移默化的影响。

准爸爸这样做

◎尽可能多地承担一些家务和生活事务，如洗衣、做饭、买菜、照顾家中老人等，特别是在孕妈妈妊娠反应严重时，注意让她多休息。

◎安慰妊娠反应强烈的孕妈妈，给她更多体贴，并想办法让孕妈妈试着多吃一些东西。

◎这个月产检项目比较多，准爸爸最好陪着孕妈妈一起去，帮着排队、挂号、拿化验单等。

3. 经典胎教推荐——和宝宝一起欣赏风景

孕妇应避免在屋里闷着,这样对自己的身心和宝宝的生长都是不利的。建议孕妇经常到空气清新、风景秀丽的地方游览,多看看美丽的花草,以调节情绪,这样可使孕妇心情舒畅,体内各系统功能处于良好的状态,也就使胎儿处于良好的生长环境。因此,年轻的父母们在工作之余,应常常带着你的"小宝宝"去感受、享受大自然的美。

大自然是美的最高境界,孕妇常去大自然中欣赏美丽的风景,可以促进胎儿大脑细胞和神经的发育,如此美的大自然是促进胎儿发育的美好前奏。同时美妙的大自然也能陶冶孕妇的情操,让胎宝宝间接接受美的熏陶。

在我们这美丽的土地上,不管是神奇辽阔的草原,幽静神秘的峡谷,挺拔峻峭的高山,亦或是惊涛拍岸的河海,无不启迪着我们的思考,开阔着我们的胸襟,给我们带来美的享受和精神的升华。孕妇在大自然中感受到这一切,将提炼过的感受传递给胎儿宝宝,就使得胎儿也能受到大自然的陶冶,促进胎儿神经发育。同时,孕妇经常走进大自然,呼吸新鲜空气,也有利于胎儿的大脑发育。因为大脑发育需要充足的氧气,而大自然就是最好的供氧场所。

孕妇可以欣赏名山大川的壮美与秀丽,也可以徜徉于街心花园,感受自然美景,还可以漫步于小桥流水、麦田菜畦,欣赏农家风景。育儿专家们认为从自然中吸取各种美好的声音、颜色、图像等,就是最好的胎教。总之,去大自然中欣赏各式各样的美丽风景,不仅能使孕妈妈心情舒畅、精神焕发,还有利于腹中胎宝宝的生长和发育,何乐而不为?

4. 营养胎教

本月饮食原则

🔖 多吃缓解孕吐的食物

本月孕妈妈的孕吐反应依然比较严重，饮食除了要坚持清淡、易消化的原则，还可以吃一些开胃食品，比如坚果、水果等，以增进食欲，可以不断变化菜的样式，缓解孕吐和改善胃口。如果孕吐反应严重，可以多吃一些偏碱性的食物，也可以吃一些面包、馒头等较干的食物。另外，苹果中富含水分、维生素和多种矿物质，可以调节水及电解质平衡，能有效缓解孕吐反应，可多吃。

🔖 注意食物的烹饪方式

不少食物尤其是新鲜蔬菜如果烹饪方式不恰当，容易造成营养流失，即便孕妈妈摄入充足的食物也无法满足营养需求。在清洗蔬菜、谷物时不要在水里浸泡太长时间，否则会造成食物中的维生素C和B族维生素流失。烹饪时也不要加热过长时间，宜用高温快速加热，以免损失多种维生素，还会影响食物的颜色和口感，使孕妈妈更加没有食欲。

🔖 少吃方便食品

很多方便食品为了延长保存时间和使味道更丰富，添加了香精、色素、防腐剂等，比如罐头和方便面等，如果孕妈妈长期吃这类食物，就会导致体内有害物质积蓄过多，引起不良反应，加重呕吐、腹泻等症状，严重的还会引起头痛、发热等症，对胎儿的生长发育极为不利。孕妈妈应多食新鲜的天然食物以补充营养，少吃方便食品。

🔖 忌吃易导致胀气的食物

孕早期，孕妈妈因内分泌的变化会抑制肠胃蠕动，使食物和液体通过消化道的速度变慢，容易引起胀气。如果孕妈妈进食容易引起胀气的食物，就会加重胀气的症状，使身体极为不适。因此孕妈妈要少吃高油脂、高淀粉的食物，以免引起或加重孕早期胀气。

本月关键营养素

钙

钙是人体必不可缺的营养素,能够维持心脏跳动和免疫系统功能,调节细胞和毛细血管的通透性,还能维持体内的酸碱平衡,保证人体新陈代谢的正常运行。如果孕妈妈缺乏钙,容易导致流产、骨盆畸形和产科并发症。孕早期孕妈妈每天可补充800毫克的钙,奶制品、豆类、西蓝花、花生、核桃等食物都富含钙。

镁

镁可参与核酸的合成,维持核酸机构的稳定,并能激活脱氧核糖酸酶,在孕期的遗传过程中起着重要的作用。如果孕前3个月无法摄入足够的镁,就会对胎儿以后的身高、体重和头围大小造成不利影响。孕妈妈每天需要补充350毫克的镁,绿叶蔬菜、大豆、南瓜、甜瓜、坚果、香蕉、草莓、葵花籽和全麦食品等中镁含量丰富。

维生素A

维生素A参与人体许多生理过程,能维持机体正常的免疫功能,是胎儿正常发育的重要营养素,对维持正常的妊娠、胚胎和胎盘有着重要影响。如果孕妈妈缺乏维生素A,就会使皮肤变得干燥和易生角质层,还会引起流产、胚胎发育不良等现象。孕妈妈每天宜补充1.2毫克的维生素A,千万不可过量,否则容易造成胎儿先天畸形。动物肝脏、牛奶、鸡蛋、鲫鱼、鳝鱼、胡萝卜、白萝卜、菠菜、南瓜、芒果等食物中均含有丰富的维生素A。

维生素C

维生素C可促进孕妈妈对铁、钙和叶酸等营养物质的吸收,并能增强孕妈妈的身体免疫力,降低血液中的胆固醇,促进胎儿造血器官的生长。孕后,母体中维生素C的含量会下降,需要及时补充,缺乏维生素C,就会造成孕妈妈牙龈出血、牙齿松动、骨骼脆弱,严重的可导致流产。

食谱推荐

芹菜豆皮干

原料 豆皮110克,芹菜100克,蒜末、姜片各少许

调料 盐2克,胡椒粉3克,食用油适量

做法

1. 洗净的芹菜切段,洗好的豆皮切块。
2. 热锅注油,烧至五成热,放入豆皮,炸约4分钟至两面呈金黄色。
3. 关火后捞出豆皮,沥干油,装入盘中,待凉,切成小段,待用。
4. 用油起锅,放入姜片、蒜末,爆香,倒入芹菜段,炒香,放入豆皮段,炒匀,注入清水,加入盐、胡椒粉,炒约3分钟至入味,关火后将菜肴装盘即可。

花生鲫鱼汤

原料 鲫鱼250克,花生米120克,姜片、葱段各少许

调料 盐2克,食用油适量

做法

1. 用油起锅,放入处理好的鲫鱼,用小火煎至两面断生。
2. 注入适量清水,放入姜片、葱段、花生米。
3. 盖上盖,烧开后用小火煮约25分钟至熟。
4. 揭开盖,加入少许盐。
5. 拌匀,煮至食材入味。
6. 关火后盛出煮好的汤料即可。

5. 安全胎教

● 孕初期用药指导

孕期孕妈妈用药需谨慎，在容易致畸的孕早期更应该慎之又慎。

首先介绍下药物对宝宝的影响。胎儿各器官的形成在怀孕4～15周内完成，这个时期是药物致畸的绝对危险期。其中，怀孕4～7周是胎儿各重要器官形成和分化的重要时期。怀孕8～15周虽然没有前段时间的致畸作用大，但胎儿的发育情况各不相同，为了顾及到怀孕8周后仍有重要器官发育，或尚在成形，所以这段时间用药仍需谨慎。

药物对孕妈妈的影响同样不可忽视。在孕初期，孕妈妈的各个系统发生适应性的改变，特别是内分泌系统改变，对一些药物代谢有一定的影响，药物不易解毒和排泄，从而损伤母体或遗祸胎儿。虽然孕妈妈用药需要注意，但是如果合理用药，不但对孕妈妈和胎儿无害，而且能防止胎宝宝受母体疾病的影响。

目前我国对孕妇的用药借用了美国药物和食品管理局制定的标准，按药物的不同危害分级如下：

A级药物：对孕妇安全，对胚胎、胎儿无害，如适量维生素A、维生素C、维生素D、维生素E等。

B级药物：对孕妇比较安全，对胎儿基本无危害，如青霉素、红霉素、地高辛、胰岛素等。

C级药物：仅在动物实验研究时证明对胎儿致畸或可杀死胚胎，未在人类研究中证实，孕妇用药需要权衡利弊，确认利大于弊时方能应用，如庆大霉素、异丙嗪、异烟肼等。

D级药物：对胎儿危害有确切证据，除非孕妇用药后有绝对效果，否则不考虑应用，如硫酸链霉素要在万不得已时才使用。

X级药物：可致胎儿异常，在妊娠期间禁止使用，如甲氨蝶呤、乙烯雌酚等。

妊娠前3个月，以不用C、D、X级药物为好。出现紧急情况必须用药时，也应尽量选用确经临床多年验证无致畸作用的A、B级药物。

- 少做腹部X线检查

我们平时所说的X光检查，就是指诊断性X射线检查。任何人在有X射线的地方待长了都会受到伤害，未发育完全的胎儿受到伤害的可能性则更大。胎儿所受影响与以下几个方面有关：

与照射剂量相关。研究证实，受孕后6~8周的孕妇只要接受42~60伦琴的X线辐射，就会使胚胎基因的结构发生变化，或者使染色体发生断裂，从而造成胎儿畸形甚至胎儿死亡。一般认为在怀孕前4个月胎儿吸收X射线剂量在10伦琴以上，相当于10次胸透剂量，容易造成畸形。

与所处孕期相关。如果孕妇在怀孕初期过量接受X射线照射，有可能会导致胎儿畸形、胚胎残废、脑部发育不良以及儿童期的癌症发病率大大提升，但是如果是在接近预产期受到少量的X光照射，一般对胎儿不会有太大的影响。据调查显示，在怀孕6周时如果受到X射线照射，胎儿畸形的发生率最高，还有一些医生认为孩子出生前受到过X线照射后患白血病的概率也会增高。

与照射部位有关。照射在胸部、手脚等远离胎儿的部位比腹部、骨盆等离胎儿近的部位影响小。卫生部明确要求，受孕后8~15周的育龄妇女，不得进行下腹部放射影象检查，尽量以胸部X射线摄影。

由此可知，不是一次X线检查就会致畸，而且在不得已的情况下，孕妇需要接受非腹盆部X线检查时，医护人员会使用含铅的防护衣保护女性腹盆部位，这会进一步降低胎儿受照射剂量。如果孕期因为疾病或其他问题，需要做腹部X线检查时，与医生商议，在没有更好的替代检查时，别因为担心X线会损伤胎儿而拒绝检查，不进行必需的X光检查才会给孕妇及胎儿带来真正的健康风险。

6. 情绪胎教

● **放松精神好保胎**

在怀孕期间承受太大的压力，对孕妈妈及胎儿都不好，然而孕妈妈来自本身各方面的压力又很难避免，这里为孕妈妈介绍一种消除紧张压力的方法，只要花5分钟，就能得到彻底的放松，与此同时也可以给腹中的宝宝传递一种平静的情绪。

视觉方面

孕妈妈以轻松的姿势坐在地毯或沙发上，不要让任何人来打扰，然后先环视一下屋子，选出3样东西来。比如餐桌上的鲜花、书桌上的书、墙上的画等，眼睛所能看到的东西都可以。集中精力，对选出的东西加以凝视，最好只凝视物体的一部分，例如玫瑰花上的一片绿叶、画中人的眼睛等，凝视5秒钟以上。

听觉方面

在周围所能听到的声音中选择3种来集中精力。例如手表的滴答声、窗外的鸟叫声、街上的鸣笛声，针对这3种声音加以仔细聆听。

触觉方面

同样选择3种感觉的东西来集中精神。如润滑的丝绸、柔软的棉花、温润的肌肤等，用手去触碰它们，用心感觉。

对于这些方面的感觉，孕妈妈都应该一一集中精力去感受，持续做这些练习，直到心灵完全获得平静。

双肩下垂，尽量放松眼部和前额的肌肉也有助于精神的放松。如果想放松心情，可以闭上双眼，尽可能地想一些愉快的事情，并随着自己的意愿自由地去联想，如蔚蓝的天空、成片的云海、宝宝的笑颜等，都会使孕妈妈感到平静和放松。

● 保持好心情的小妙招

保持愉悦的心情对每个孕妇都很重要,孕早期如果情绪过于激动很容易导致流产。但是,情况并不是你想怎么样就可以怎么样的,很多时候总会有让你不开心的事情出现,所以,学会调整自己的情绪,对孕妈妈非常重要。

早上起床后深呼吸、伸懒腰。学会管理自己的一天,对减轻快节奏生活中的压力非常重要。起床后,别忘了打开窗户,用新鲜空气给大脑"提神",伸懒腰舒展一下身体,让一天有一个"精神"的开端。

对镜微笑。在梳洗之前,对着镜子给自己一个大大的微笑。美好的心情,是自己给自己的。

多想象一下腹中的宝宝。幻想能帮助你在孩子还未出世前,即与他建立亲密的关系。即使好几个小时幻想着孩子,其他什么事情也没有做,也不要觉得荒谬,跟肚子里面的小家伙联系感情是建立亲子关系的第一步。

写日记。在人的一生中应随时记录日常生活的一切,这样可以帮助您看清自己的另一面。日记是个抒发自己不想与人分享情感及思绪的好地方。未来,孩子出生后可能会对你的这本日记爱不释手哦。

与人沟通和交流。在怀孕期间想与他人沟通,分享自己的感情和心事是相当自然的。准爸爸当然是首选之人,可能他也有很多话急于告诉你和宝宝。每天安排出足够的时间和准爸爸在一起,并保持亲昵的交流。如果身体允许,可以考虑一起外出度假。另外也可以参加准父母课堂,或在生产课程中认识些新朋友,或问问朋友是否有认识初为人父、人母之年轻夫妻可以与你讨论的。这种因怀孕结缘的关系通常在产后仍可维持相当长久。在你感到孤立的时候,别忘了自己的父母和先生,跟他们谈谈,一起去把社交范围给扩展开来。

7. 音乐胎教

● 放音乐给宝宝听

孕3月的胎宝宝耳朵已经形成,虽然内耳的发育尚需一段时间,但从宫内观察,胎儿对声音已经有了一些反应,因此,孕妈妈在播放音乐的时候,对胎宝宝的听觉发育也是一种良性刺激,有利于整个听觉系统的发育和完善,为以后进行听力训练打下基础。

音乐胎教应该是贯穿整个孕期的一种胎教方法。音乐的曲调、旋律、节奏和强度不同,对孕妇和胎儿产生的情感和共鸣也不一样。有的乐曲令人舒心愉快,有些乐曲则有镇静作用。乐曲的类别必须根据不同阶段的需求来选择。鉴于这个时期的孕妇情绪波动较大,常会因此影响胎儿的发育。所以,这段时间孕妇适宜听轻松欢快、优雅温馨、诙谐有趣、充满诗情画意的音乐,使孕妇早孕反应的不安情绪得以放松,精神上得到安慰。如中国唢呐曲《百鸟朝凤》,丝竹乐《紫竹调》,钢琴曲《牧童短笛》,现代音乐《让世界充满爱》,西方古典乐曲《A大调抒情小乐曲》,德国浪漫派作曲家门德松的《仲夏夜之梦》等都是不错的选择。其中,中国古典曲乐《百鸟朝凤》,不仅描绘了百鸟和鸣、气象万千的自然景象,还模拟了林中各种禽鸟的叫声,使孕妈妈仿佛置身于大自然中,身心和谐,宁静舒畅。

本月切勿播放那些过分激烈、声音刺耳、旋律嘈杂的乐曲。更不宜听那些现代摇滚音乐,因为这些音乐的音量都很大、节奏紧张激烈、声音刺耳嘈杂,听这样的音乐会使孕妈妈心跳加快,使身体处于兴奋状态,这会使胎儿烦躁不安,对胎儿的神经系统和消化系统产生不良的反应,对胎儿和孕妈妈都会产生不利的影响。

孕中期经典胎教——享受与宝贝互动的快乐

在妈妈子宫内稳定下来的宝宝身体进一步发育,胎教的过程中准妈妈能不时与宝宝进行互动,准妈妈对宝宝说话时,还能收到宝宝积极的回应。这是一段快乐的时光,既增加了胎教的乐趣,又促进了妈妈与宝宝之间的感情交流,对宝宝的性格和身体的发育都极为有利。

Chapter 3

一、孕4月，正式安家落户啦！

进入孕中期，准妈妈的早孕反应渐渐消失，身体舒适了许多，心情也变得轻快起来。胎宝宝也在稳步发育，并且产生了最初的意识。这时，准爸妈不妨把胎儿当作一个懂事的孩子，多和他说说话吧！

1. 妈咪宝贝的变化

● 孕4月妈妈的身体变化

早孕反应已经逐渐消失，在未来的几周，准妈妈的心情会比较舒畅，食欲也开始增加。此时正是妊娠较为舒适的一段时期，到本月末已经差不多能从准妈妈的外表看出"大肚子"的形态了。如果可以，准妈妈从现在开始就可以参加产前培训了。

准妈妈13周时 乳房迅速增大，腹部和乳房的皮下弹力纤维断裂，在这些部位出现了暗红色的妊娠纹。这时可以进行适当的锻炼和按摩，以促进局部血液循环，增加皮下弹力纤维的弹性。

准妈妈14周时 阴道分泌物开始增多，应注意保持外阴部的清洁。肤色和体型都有了变化，这时候更应注意仪容。很多准妈妈的发质比以前更好了。

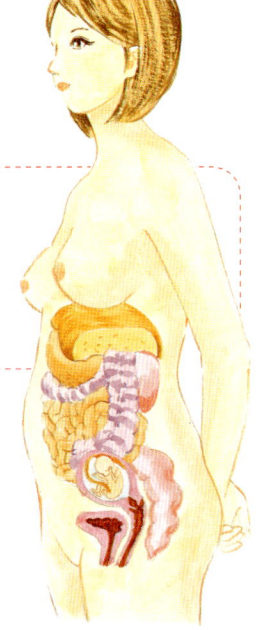

准妈妈15周时 牙龈多有充血或出血，若不注意口腔卫生，可能还会有牙龈炎。胃口好了很多，腹部渐渐膨大，可以考虑穿孕妇装了。

准妈妈16周时 腹部继续隆起，体重持续上升，乳房比以前大而柔软，深色的乳晕很清晰。敏感一些的准妈妈偶尔还能感觉到子宫在蠕动，胃里发出细小的咕噜声，这是胎动。在未来的一段时间，胎动会越来越明显。

● 孕 4 月胎儿的发育状况

随着准妈妈心情和食欲的改善，胎盘的完成，准妈妈能提供给胎宝宝的营养越来越多，以满足胎宝宝的快速发育。此间，胎宝宝的脑和身体各器官仍在继续发育，在本月末前后，宝宝的身体各部位几乎都发育成形了。

胎儿 13 周时 脖子完全成形，并能支撑头部运动。胎儿条件反射能力逐渐增强，已经能对子宫外的声音刺激有反应了。手指可与手掌相握，脚趾和脚底可以弯曲。眼睛开始突出，两眼的距离拉近。

胎儿 14 周时 身长约 10 厘米，重约 28 克，看起来更像一个小人儿了。胎儿的皮肤上出现了一层细软的绒毛，这层绒毛在宝宝出生后会消失。

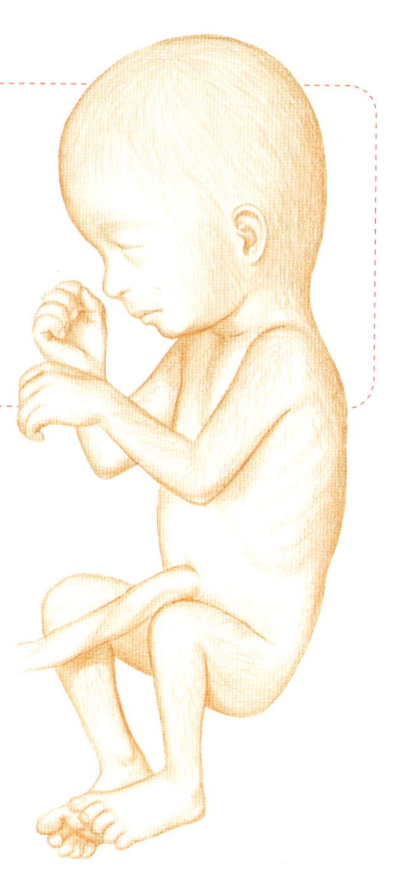

胎儿 15 周时 胎儿开始顽皮起来，能够在妈妈的肚子里做不少事情了，皱眉头、摸脸，或许还能吮吸手指。生殖器官已成形。

胎儿 16 周时 身体和头部的生长逐渐均衡起来，胳膊和腿基本发育完成。而且，胎儿会打嗝了。产检时，医生会看到准妈妈的腹壁上发出阵发性和规律性的跳动。

2. 本月胎教重点

本月的胎教应选择一些有助于刺激宝宝听觉器官发育的方式进行，比如对话胎教、音乐胎教。

当妊娠进行到第4个月的时候，胎儿渐渐长大，已经产生了最初的意识，对外界的声音刺激非常敏感，能够辨别出所听到的各种不同的声音，尤其是妈妈的声音。而且，胎儿还会模仿这些声音，并形成某种"记忆"，为出生后的早教打下基础。

准爸爸和准妈妈可以根据胎儿的发育特点，选择一些有助于刺激胎儿听觉器官发育的胎教，例如多和胎宝宝对话。通过父母的对话和描述，可以促进胎儿听觉的发育，让胎儿对外面的世界有一个初步的认识。而且，只要保持快乐的心情来和胎儿说话，胎儿就能感受到来自母体的情绪，自己的情绪也会非常良好。如果此时配上一两首韵律感较强的儿歌或者准妈妈的轻声哼唱，对胎儿进行音乐胎教，胎宝宝会很喜欢。对话胎教最好是父母共同参与，这样不仅能增加夫妻感情，还能把父母的关爱传递给胎儿，对胎儿的情感发育具有较大的益处。

此外，在孕4月时，胎儿对光线的反应也非常敏感。所以，准妈妈还可以给胎儿进行视觉胎教，以便锻炼胎儿的视觉功能。妊娠4个月时，准妈妈的精力渐渐恢复，孕早期的不适也消退了，此时还可进行适当的运动，以强身健体，避免孕期不适的发生，而胎儿也会处于更为健康的环境中发育和成长。

准爸爸这样做

◎陪准妈妈一起准备孕期物品。

◎配合准妈妈的速度，一起慢慢地散步，一起品尝口味清淡、健康的食物。

◎多做一些能让准妈妈高兴的事情，比如准备一本精美的孕期相册、一个幽默的小故事、一顿浪漫的烛光晚餐，准妈妈高兴宝宝也会受益。

3. 经典胎教推荐——带着宝宝下棋

胎儿的大脑正在形成，而且现在脑部发育非常迅速，是对他进行适当脑部刺激的好时机了，准妈妈多动动脑筋，能帮助胎儿开发潜能。

下棋是很好的智力体操，不但让准妈妈思维更加活跃，而且随着准妈妈对棋艺的思考冥想，脑电波会触发胎儿的脑细胞，使胎儿的脑细胞也活跃起来，这是聪明、智慧等遗传素质的形成基础。准妈妈下棋需要注意以下问题：

- 控制下棋的时间

下棋是比较高强度的脑力游戏，如果一次下棋时间太长，难免令人头昏脑胀，所以准妈妈要控制下棋时间，以自己感觉舒适为宜。

- 培养游戏情操

有的准妈妈会因为输了棋而发脾气，也有的准妈妈会因为输棋而觉得没有面子，为了避免这些负面影响，准妈妈事先要明白"胜败乃兵家常事"，不用担心下得不好而被取笑，输赢不重要，重要的是享受比赛的乐趣。

- 下棋时最好有语言沟通

下棋时一定要说出来，比如玩象棋，边走边说"跳马走车飞炮"，旨在说给胎儿听。

- 下完棋要适量运动

下棋时虽然大脑在进行剧烈的运动，但是身体其他部分则处于相对平缓的状态中。中医认为"久坐伤肉"，会使胃肠蠕动减慢等等，影响新陈代谢和造成食欲不振、吸收不良。因此，下棋之后，要让准妈妈做些体育活动，如散散步等，以达到"体脑俱动"的生理平衡。

tips

准爸爸一般都对下棋有更多的兴趣，更了解下棋的规则和战术，如果准爸爸是个下棋高手，不妨在对弈的时候悄悄地让着准妈妈，让准妈妈也享受一下赢棋的乐趣，但是千万不能太明显了让准妈妈发觉，不然就失去了比赛和思考的乐趣。

4. 营养胎教

本月饮食原则

📢 多吃缓解便秘的食物

从孕中期起，准妈妈因子宫增大，压迫到后方的肠道，使得排便时不易用力，排便更加困难，加上准妈妈胃酸减少，肠胃蠕动缓慢，肠胃中食物的运送比孕前差，因此更容易造成便秘，产生便秘后容易使胎儿生长受限。有便秘症状的准妈妈要多食含膳食纤维的蔬菜、水果和粗粮，宜每天在固定的时间里饮水，早上起床后可先喝一杯温开水，养成早晨排便的习惯，促进体内毒素排出。

📢 食物粗细搭配合理

准妈妈的饮食不可太过精细，要做到粗细搭配合理，这样才能保证营养的均衡。精米、精面在加工过程中使有些营养素损失掉了，如果只吃这种食物，就会造成必需营养素的缺乏。粗粮中膳食纤维含量丰富，可促进肠道蠕动，对健康有利，只有粗粮和细粮搭配食用才能满足准妈妈的营养需求。

📢 少吃高脂肪、高热量食物

进入孕中期后，宝宝的生长发育速度加快，准妈妈需要更多的食物来补充营养，但高脂肪、高热量的食物摄入过多，会导致难以消化，增加肠胃的负担。而且这类食物容易造成脂肪堆积，使准妈妈的体重超标，还会增加胎儿患生殖系统疾病的危险，不利于母婴健康。

📢 控制进食量

早孕反应消失后，准妈妈的胃口会变得越来越好，如果这段时期活动量少，食物很容易在体内转化为脂肪堆积。因此，这时应该控制进食量，尤其是晚上不能过度进食，以免造成肥胖，影响身体健康。准妈妈要继续坚持少食多餐的原则，可以增加食物的种类，但总的量不要增加。饮食必须重质不重量，如果吃得很多，营养不均衡，吃进去的食物就不容易被消化吸收。

本月关键营养素

维生素 E

维生素 E 可以促进胎儿发育及预防早产,还能防止准妈妈产生妊娠纹。如果准妈妈缺乏维生素 E,容易导致胎儿出现先天性畸形,并导致出生时体重偏轻和贫血。准妈妈每天可摄取 15～20 毫克维生素 E,牛肉、猪肝、大豆、绿叶蔬菜、柑橘、杏仁中均含有丰富的维生素 E。

维生素 D

在孕中期之前,早孕反应可能会使准妈妈体重减轻,身体虚弱,造成骨质软化,使得腰背部和下肢的疼痛加剧,同时也可能造成胎儿骨骼的钙化,严重的可造成准妈妈骨盆畸形以及胎儿先天性佝偻病。为此,应从孕 4 月开始,补充足够的维生素 D,促进准妈妈对钙的吸收和胎儿骨骼的良好发育。建议准妈妈每天补充 10 微克维生素 D,可以多吃鱼肝油、鸡蛋、虾、坚果等食物。

维生素 B₂

维生素 B₂ 又名核黄素,参与人体蛋白质、脂肪和核酸的新陈代谢,可提高准妈妈机体对蛋白质的利用率,并参与细胞的生长代谢,还可促进胎儿视觉器官和皮肤的发育。本月,准妈妈体内的维生素 B₂ 会有所下降,如果准妈妈缺乏这种维生素,就有可能影响胎儿神经系统的发育,不利于胎儿软骨的形成。准妈妈需要每天补充约 1.8 毫克维生素 B₂,动物内脏、鳝鱼、鸡蛋、牛奶中都含有丰富的维生素 B₂。

膳食纤维

膳食纤维能够刺激消化液分泌,促进肠道蠕动,使粪便松软,可预防和缓解便秘症状。准妈妈缺乏膳食纤维容易使体内油脂难以排出,引发其他妊娠综合征。准妈妈每天应保证膳食纤维的摄入量不少于 20 克,新鲜蔬菜、大麦、小麦、小米中都含有丰富的膳食纤维。

食谱推荐

百合糙米粥

原料 糙米150克,贝母、麦冬、干百合各5克

调料 白糖适量

做法

1. 砂锅中注入适量清水,用大火烧开。
2. 倒入备好的贝母、麦冬、百合、糙米,搅匀。
3. 盖上锅盖,烧开后转小火煮约90分钟至食材熟软。
4. 揭开锅盖,加入少许白糖。
5. 持续搅拌片刻,至食材入味。
6. 关火后将煮好的粥盛出,装入碗中即可。

菠菜猪肝汤

原料 菠菜100克,猪肝70克,姜丝、胡萝卜片各少许,高汤适量

调料 盐、白糖、料酒、葱油、水淀粉、胡椒粉各适量

做法

1. 猪肝洗净切片;菠菜洗净,对半切开。
2. 猪肝片加少许料酒、盐、水淀粉,拌匀腌渍片刻。
3. 锅中倒入高汤,放入姜丝,加入适量盐,放入白糖、料酒,烧开。
4. 倒入猪肝,拌匀,煮沸。
5. 放入菠菜、胡萝卜片,煮至熟透,淋入葱油,撒入胡椒粉拌匀,将做好的菠菜猪肝汤盛出即可。

5. 运动胎教

散步呵护母子健康

散步是一项非常适合准妈妈的运动，也是整个孕期较为安全的活动方式。

● **散步的益处**

散步不仅能帮助准妈妈呼吸到室外的新鲜空气，调节情绪，还能够改善神经系统和心肺功能，促进身体的新陈代谢。

散步可以帮助保持体重，节奏相对稳定的步行，可以使腿部、腹壁、胸部及心肌运动加强，血管容量增大，血液循环加快，对身体细胞的营养，特别是对心肌的营养有很好的促进作用。

长期坚持散步对促进胎宝宝发育大有好处，为以后的正常分娩也打下了良好的基础。

● **散步的准备**

孕妇应穿上较为舒适的鞋子，运动鞋或者开口宽敞、鞋底软、弹性好的鞋子都很不错。此外，准妈妈还要穿上袜子，如此便能更舒服地散步和更好地保护双脚。衣服应以居家服为主，这样孕妇在散步的过程中才能更放松。

散步地点最好选择在绿色植物较多、灰尘较少、噪声较少的地方，这些地方空气清新、氧气含量高，比如空气清新的公园、林荫绿地、干净的水塘湖泊边等。如果周围没有以上的条件，可去车辆相对较少的街道散步，尽可能避免去污染较大的马路、大街上，人群嘈杂的商场和闹市中散步。

● **散步的时间**

散步的时间应控制在30分钟以内。如果孕前极少运动，开始散步时先慢慢走，再逐渐增加至20～30分钟的快步走，也可以先快走几分钟，再慢走几分钟，交替进行。

孕妇散步应选择较为舒适的天气，高温、寒冷、大风、雨雪等容易引起身体不适的天气都不宜外出，以免感冒。

建议准妈妈在早晨起床后或者晚饭后去散步，早晨散步最好是等到日出后再出去，因为日出前空气中的有害物质较多。如果晚饭后散步不可以选择饱食后立即散步，要先适当休息。

一周最好运动3次以上，最重要的是坚持进行，偶尔运动一次难以受益。

● **本阶段的散步要点**

孕中期，准妈妈的体重越来越重，散步时应注意姿势，避免因身体笨拙而挤压背部，下巴要与地面保持水平，目视前方，摇摆手臂来保持平衡，髋部尽量紧缩，避免左右摇摆；这个阶段还可以适当加强锻炼强度，最好能有家人同行，这样才不至于在散步时感到无聊而无法坚持下去，另外也可以预防意外的发生；天色暗了以后，就不要再在外面散步，如果看不清自己走路的方向和路况，准妈妈很容易被绊倒或者摔倒从而发生意外。外出散步时，用防晒霜保护你的皮肤，不管是什么季节。在夏天的时候，还要戴上太阳帽，带上装满水的喷水瓶和饮用水，防止身体脱水，否则会中暑，有时甚至会危及自身和胎儿的安全。

tips

孕妇在身体疲倦时很容易产生腹部抽痛的感觉，所以有明显的疲劳感或腹部疼痛就要立即停止散步。散步时觉得累了可以停下来休息片刻再继续走，若出现冒冷汗或眩晕的情况，则应立刻前往医院接受诊断和治疗。

蝴蝶式扩展骨盆

蝴蝶式是一种比较安全的瑜伽体式,准妈妈可以放心运动。

● **蝴蝶式的益处**

准妈妈经常练习蝴蝶式,可以活动髋关节和骨盆周围的肌肉,伸展和强化骨盆,扩展髋部,减轻分娩的痛苦。此外,还能强健大腿内侧肌肉,避免小腿静脉曲张,促进腹部血液循环,加强下背部、骨盆的血液流通。蝴蝶式还可以预防和消除坐骨神经痛,防止疝气。

● **蝴蝶式的做法**

1 坐立蝴蝶式

坐立,上身挺直,两脚掌相对并合拢,双手抱着脚趾尖。逐步收合双脚跟,使其尽量靠近会阴部位,抬升胸部并放松肩膀,注意保持腰背挺直。上身保持挺直,配合均匀的呼吸,双膝如蝴蝶拍动翅膀一样向上、向下运动。向下运动时使双膝尽量靠近地面,感受大腿内侧韧带的伸展。上身向前舒展,头朝前方的同时用双肘向外、向下推按双膝。注意不要弯曲脊椎,保持数秒钟后吸气、还原。

半蝴蝶式

长坐，双腿并拢伸直，双手自然放于身体两侧。左腿伸展，右腿弯曲平放在地面上，右脚心贴在左大腿内侧。身体向左腿方向扭转，双手臂放在左腿两侧，右臂伸展过头，身体向左侧弯曲，双手抓住左脚。保持2或3次呼吸。吸气，缓缓地起身，两臂放平，放松，然后换另一侧继续练习。

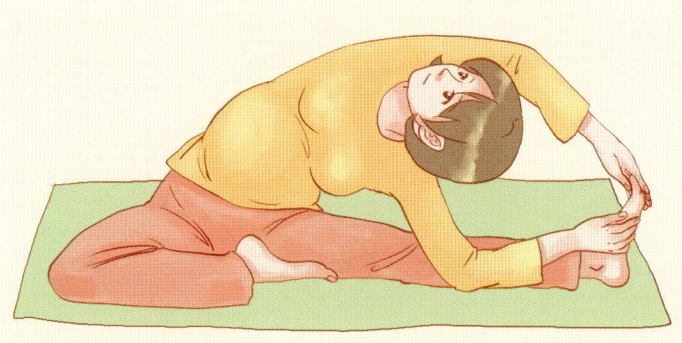

仰卧蝴蝶式

仰卧。弯曲膝盖，脚后跟靠近臀部，膝盖向上，两脚并拢。两手舒适置于下腹部。随着呼气，慢慢将两脚心相对，脚掌外侧立于地上。膝盖向两侧放下，靠近地面，腹股沟尽量打开。

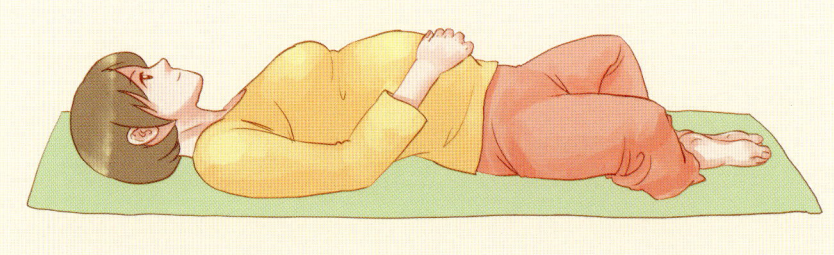

6. 安全胎教

● 选购防辐射服

防辐射服对准妈妈特别是从事电脑工作的职场准妈妈来说，是必不可少的。可是，市场上的各种准妈妈专用防辐射服琳琅满目，也不断更新换代，让准妈妈们眼花缭乱，该怎样挑选防辐射服呢？

防辐射服款式有防辐射肚兜、吊带、围裙、马甲、准妈妈裙、准妈妈套装。春夏可以选择准妈妈裙或者肚兜，秋季选择套装或者围裙、吊带都可以，冬天可以选择套装或者马甲。另外，要看准妈妈的工作性质及周围的辐射环境。如果其周围辐射很强，建议选择防辐射马夹，这样对自己及腹中的胎儿有较强的保护。

作为服装，尤其是准妈妈穿着的服装，要考虑面料的柔软度、透气性等，以及所有服装都要具有的耐洗涤性。建议准妈妈选择色牢度高、透气柔软的混纺型防辐射材料。

另外，还要考虑穿着的方便性。准妈妈在怀孕期间，随着身体的变化，活动会比平时更需要注意，因此，准妈妈应尽量选择设计简单，可以打开侧面穿着的服装。

最后，还要了解一些防辐射服的检验方法，以确定其性能和品质：

可以查看防辐射服的防伪标签。通过防伪标签，可以打电话到生产厂家，来确定是从哪家经销商进的货。这个方法只能初步判断正品与否。再看吊牌和鉴定书（小）是否都完整无损。

可以将衣服遮盖着电脑屏幕，将手机放置于电脑显示器（普通显示器）旁，拨打该手机，显示屏抖动明显减弱为有效。

这样一来就能为准妈妈选购一件既有效防护又美观大方的防辐射服了。准妈妈还需注意一点，防辐射服不宜整天穿着，因为会让胎宝宝像住在一个与世隔绝的暗房里。正确的做法是，一离开有辐射的环境就脱下来。

● 注意出行安全

怀孕14周以前,由于有流产的危险及早孕反应,孕妇最好不要进行长途旅行。孕28周以后,由于体重及胎儿的负担,也不适宜长途劳累。所以,孕14~28周是孕妇旅行的适合时机。

一般而言,空气不流通会导致缺氧及子宫收缩,所以连续坐车最好不要超过两小时,也不要在旅行高峰期上路。火车比汽车更适合孕妇乘坐。如果搭乘飞机,应有一些限制,怀孕18~32周内可以搭乘短途飞机,尽量避免长途飞行。

旅行时,应事先掌握往来地点的医疗资源,路途中注意休息,避免奔波劳累。如果孕妇存在出血、流产及其他危险因素,就不要出门旅行。

对于准妈妈来说,可以从以下方面入手,保证出行安全:

制订合理的出行计划。准妈妈在旅行时,最好不要参加行程紧凑的旅行团,不要使身体过度疲劳,保证充分的休息。此外,在出发前必须查明旅游地区的天气、交通、医疗与社会安全等状况,要根据具体情况或准妈妈的身体状况随时改变行程。

旅行途中要有人全程陪同。准妈妈不宜独自出游,也不要与陌生人出游。最好有亲朋好友在身边陪伴,这样不但会使旅程较为愉快,而且当你觉得累或不舒服的时候,也有人可以照顾你。

衣物准备齐全。出行时,准妈妈的衣着以穿脱方便为主,如帽子、外套、围巾等,以预防感冒。准妈妈最好穿轻便的平底鞋,方便走路。必要时可佩戴托腹带,以减轻不适。

注意饮食卫生。准妈妈应避免吃生冷、不干净或吃不惯的食物,以免造成消化不良、腹泻等身体不适。奶类、海鲜等食物容易腐坏,若不能确定是否新鲜,应不食。多吃水果和蔬菜,以防脱水和便秘,多喝白开水、矿泉水或果汁。

7. 语言胎教

● 边做家务边聊天

在孕期，准妈妈在不影响身体舒适的前提下做家务是可取的。如果做家务时觉得无聊，不妨将做家务与语言胎教相结合。

在开始做家务之前，可以先抚摸一下腹部，跟胎宝宝说："宝宝，我们开始做家务了。"然后做好防护措施，比如带上橡胶手套、口罩，穿上防滑鞋等。

在洗碗的时候，你可以边洗边告诉宝宝今天吃了什么菜，怎么洗碗才能更干净更卫生等。打扫房间时，你可以跟胎宝宝讲一讲家是什么样子的，家里有哪些装饰品，它们都有哪些故事。

当准妈妈觉得家务活做起来不那么枯燥时，不妨和准爸爸一起为你们每周的家务活制定一个合理的计划，使你的孕期生活变得更加规律和舒适，这样既做了家务，又做了运动，还进行了语言胎教，一举多得。

● 说说绕口令

绕口令的最大特点是拗口，它是学习语言艺术如相声、快板等的必修课。可以锻炼人舌、唇、齿的相互配合的技巧，被形象地称为"口腔体操"。它能有效地增强宝宝的记忆力，还能培养宝宝的反应能力。

绕口令推荐

白石塔

白石塔，白石塔，
白石搭白塔，白塔白石搭，
搭好白石塔，白塔白又大。

小猪

小猪扛锄头，吭哧吭哧走。
小鸟唱枝头，小猪扭头瞅。
锄头撞石头，石头砸猪头。
小猪怨锄头，锄头怨猪头。

二、孕5月，世界因胎动而精彩

进入怀孕稳定期，准妈妈的身心相对放松，宝宝也在肚子里慢慢长大。胎动的惊喜已经不再是准妈妈的"专利"了，准爸爸通过抚摸准妈妈的肚子也能感受到，所以，不妨多摸摸宝宝，多和宝宝说话，他都能感觉到哦！

1. 妈咪宝贝的变化

● 孕5月妈妈的身体变化

本月依旧是准妈妈感觉较为舒适的一个孕月。大部分准妈妈的肚子开始显形，触摸腹部时子宫的轮廓已经很清晰。本月，准妈妈会感觉到胎动越来越明显，这是胎儿充满活力的象征，如果胎动减少或消失，就必须马上找医生检查。

准妈妈17周时 食欲增加，体重也明显增加，最少2000克，多的甚至达5000克。由于子宫膨大，有时候腹部会感觉到一阵阵剧痛，这是腹部韧带拉伸引起的。

准妈妈18周时 胎动渐渐开始明显起来，准妈妈可能会感觉到胎儿像小鱼一样在腹中游来游去。子宫不断地在长大，身体重心也在发生变化，会感觉行动有些不便。

准妈妈19周时 新陈代谢加快，血流量明显增加。腰身越来越粗，动作开始显得笨拙。乳房越来越大，乳晕和乳头颜色加深了，从现在开始就要开始乳房保养了。

准妈妈20周时 腰部和腹部继续膨胀，宫底每周大约升高1厘米。胎宝宝也越来越活跃，大部分准妈妈都能在本周感觉到胎动了。在未来的一段时间，胎动会越来越明显。

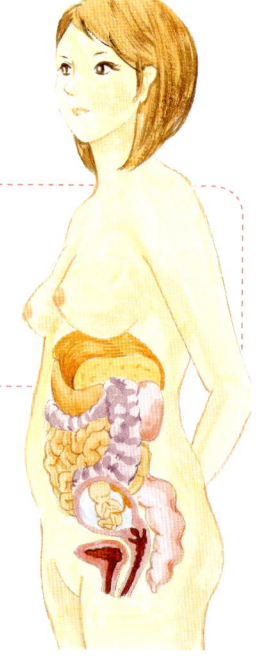

● 孕5月胎儿的发育状况

宝宝会在羊水里面游来游去,偶尔踢踢妈妈的肚皮。从这个时候开始,宝宝的身体会开始形成并储存脂肪。这时候宝宝的神经元变得越来越发达,也能感受到体外的一些刺激,并能清楚听到外面的声音了。

胎儿17周时 看起来像一个梨,长约18厘米,重约170克。在接下来的几周,宝宝的身体会发生快速的变化,体重和身长月增加在2倍以上。在妈妈的腹中越发调皮了,偶尔还会"玩"脐带。

胎儿18周时 胎儿长约20厘米,重约200克,胎动已经十分明显了。感觉器官开始迅速发展,胎儿已经能听懂父母的对话,并给予回应了。所以,这时也是父母与胎儿交流的好时机,抓住这个机会做胎教吧!

胎儿19周时 胎儿长约22厘米,重约220克。在子宫内的活动也越来越多了,尽管动作还不够敏捷,但却逐渐变得协调起来,如双腿交叉、伸腰、翻滚等。

胎儿20周时 胎儿长约25厘米,重约260克。视网膜已经形成,开始对外界光线有一定的感应。胎教时,若准爸爸用手电筒照射准妈妈的腹部,胎儿就会产生很强的反应。

2. 本月胎教重点

可以感受到胎动了,准爸爸不妨跟着准妈妈一起多摸摸宝宝吧,胎宝宝会很高兴的,而且还能加强亲子关系。

胎宝宝生长发育到 5 个月时,胎动更加活跃,心跳也更加有力,感知功能明显提高,对外界传入刺激信号的接受能力大大增强。而且,准爸爸和准妈妈都已经能感觉到胎动了,所以,不妨抓住这段时间,多和宝宝进行互动吧!

准爸妈可以经常给宝宝进行抚摸胎教,一方面可以锻炼胎儿皮肤的触觉,并通过触觉神经感受体外的刺激,从而促进大脑细胞和智力的发育;另一方面可以激发胎儿活动的积极性,促进运动神经的发育。经常受到抚摸的胎儿,对外界的反应会比较灵敏,出生后翻身、爬行、坐立、行走等都会明显提前。胎儿还能够通过抚摸感受到父母的关爱,加深一家人的感情交流和联系。

除了多抚摸之外,还可以适当和胎宝宝做游戏,多和胎宝宝说话,给他讲故事,陪他欣赏美丽的图画,等等。总之,准妈妈要学会用一颗快乐的心去感受生活中的各种美好,并将这些美好的点点滴滴传达给胎宝宝。

不过,在给宝宝做胎教时注意不能太频繁。比如,长时间把耳机放在妈妈的腹部播放音乐,这样往往会让胎宝宝产生不耐烦、焦躁的情绪。在给宝宝做胎教时,应坚持适度原则,这样才会对胎宝宝的发育产生良好的刺激。

准爸爸这样做

◎经常抚摸准妈妈的腹部,多和宝宝说说话,让宝宝能感觉到爸爸的存在。

◎陪准妈妈一起阅读孕期和分娩知识,参加产前训练,不仅可以增加准妈妈的阅读兴趣,准爸爸自己也可以学到很多东西。

◎帮准妈妈拍一些美美的孕照吧,这将是你们夫妻二人一生中最美好的回忆之一。

3. 经典胎教推荐——画一画胎宝宝以后的样子

从胎教的角度来看,准父母的想象非同小可,它能通过意念构成胎教的重要因素,转化渗透在胎儿的身心感受之中,影响他的成长过程。

准爸爸准妈妈此时可以互相讨论一下胎宝宝以后的样子,可以想一想他会长着什么样的鼻子、嘴巴,还可以讨论一下他会有多健康、多聪明,如果能动笔画一画就再好不过了。画与说的过程中不仅能够将自己的意念传递给胎儿,与宝贝做一次互动,还能留作宝宝出生以后的一份生日礼物。准爸爸准妈妈要尽可能想象一切美好、健康、积极的因素,用自己的意念完成理想中胎儿形象的塑造。要相信,父母和胎儿是心有灵犀的,美好的意念能让胎儿长得更美、更健康。

胎宝宝以后的样子

4. 营养胎教

本月饮食原则

🍵 多吃补血的食物

孕中期的准妈妈容易贫血，常常会感到头晕、乏力、耳鸣、脸色苍白等，还会影响到胎儿，准妈妈宜通过摄取食物补血。很多食物对改善贫血有作用，比如黄花菜、黑豆等含铁高的食物，胡萝卜等含胡萝卜素的食物也可以补血。

🍵 晚餐不宜吃太多

准妈妈肚子变大后对夜间睡眠会有一定的影响，如果晚间吃得过饱，会将食物的消化时间延长，导致晚间人容易兴奋，从而影响睡眠质量。而且夜晚是睡眠时间，需要的热量和营养物质相对较少，加上晚间肠胃活动减弱，很多食物难以消化，容易造成脂肪堆积。

🍵 不宜多吃动物肝脏

动物肝脏营养丰富，含有蛋白质、多种维生素、铁、磷等多种营养素，虽然营养价值很高，但胆固醇含量也高，并有一定的毒性，因而不可多吃。而且多吃动物肝脏还容易导致其中某营养物质摄入过多，产生不良反应。一般，准妈妈每周吃动物肝脏不宜超过2次，在烹饪前要将动物肝脏彻底清洗干净，将毒素降到最低。

🍵 不宜多吃鸡蛋

鸡蛋所含营养物质丰富，是准妈妈不可缺少的营养食物，可以改善体虚的状况，增强体质。但切不可因此而过量吃，否则会出现不良反应。鸡蛋中蛋白质含量高，还含有较高的胆固醇，如果过量食用，会增加肠胃负担，难以消化，而且体内蛋白质含量过高，在肠道中进行分解后会产生大量的氨，不利于身体健康，尤其是体重超标的准妈妈更要少吃。一般准妈妈每天不宜吃超过2个鸡蛋。此外，鸡蛋的吃法也有讲究，一般蒸和煮的鸡蛋更容易被消化，烹饪时鸡蛋一定要做熟，生鸡蛋会影响蛋白质的吸收，还容易留存细菌。

本月关键营养素

钙

进入孕5月后，胎儿的骨骼和牙齿生长速度加快，需要准妈妈提供更多的钙。如果准妈妈无法提供足够的钙，就会影响胎儿骨骼和牙齿的钙化，严重的会导致胎儿患先天性佝偻病，还会造成自己的身体缺钙，容易出现腰酸背痛、小腿抽筋等不适症状。准妈妈适当补钙还可降低妊娠高血压综合征的发病率。钙的补充主要通过食物获得，补钙时也可适当摄取维生素C、维生素D等来促进人体对钙的吸收。孕中期，准妈妈需要钙比孕早期要多，每天应补充1000毫克的钙。

铁

怀孕后大多数准妈妈都有不同程度的缺铁性贫血，随着胎儿的成长发育，自身血容量的不断增加，准妈妈对铁的需求也变得越来越多。到了孕中期后，宝宝的生长速度加快，需要的血量也就越多，铁补充不足会直接使成长受限，造成宫内氧气不足，影响大脑发育，损坏免疫系统，还会使准妈妈产生头昏、无力、心悸等现象，导致血压升高，损害心脏健康。铁的补充一般通过食物获得，颜色越深的食物，铁的含量也越高。如果准妈妈出现严重贫血的情况，则需要在医生的指导下补充铁剂。

维生素A

维生素A有维护皮肤细胞，促进视力、骨骼、牙齿、毛发健康发育的作用，而本月正是胎儿皮肤、视力、骨骼发育的重要时期，维生素A的摄入一定要充足。如果准妈妈在本月无法为胎儿提供足够的维生素A，就会造成胎儿生理缺陷。维生素A的摄取主要来源于食物，一般饮食中肉类、蛋类以及新鲜蔬菜搭配合理，是可以满足准妈妈对维生素A的需求的。

食谱推荐

粉蒸胡萝卜丝

原料 胡萝卜300克，蒸肉米粉80克，黑芝麻10克，蒜末、葱花各少许

调料 盐2克，芝麻油5毫升

做法

1. 洗净去皮的胡萝卜切片，再切丝。
2. 取一个碗，倒入胡萝卜丝，加入少许盐，倒入蒸肉米粉，搅拌片刻，装入蒸盘中。
3. 蒸锅上火烧开，放入蒸盘。
4. 盖上锅盖，大火蒸5分钟至入味；掀开锅盖，将胡萝卜取出。
5. 将胡萝卜倒入碗中，加入蒜末、葱花。
6. 撒上黑芝麻，再淋入芝麻油，搅匀，装入盘中即可。

莲藕骨头汤

原料 排骨150克，去皮莲藕100克，葱段、姜丝各3克

调料 盐、白胡椒粉各2克

做法

1. 莲藕洗净，对半切开后再切小块。
2. 锅中注入适量清水烧开，放入排骨，汆至转色，捞出待用。
3. 取一碗，将排骨、姜丝、葱段、莲藕放入碗中，加入盐拌匀。
4. 将排骨和莲藕转移到备好的杯中，倒入200毫升清水，盖上保鲜膜，待用。
5. 电蒸锅注水烧开，将杯子放入其中，盖上盖子，蒸1小时；揭盖，取出杯子，揭开保鲜膜，加入白胡椒粉即可。

5. 运动胎教

习练瑜伽莲花坐

莲花坐即结跏趺坐。在瑜伽中,莲花是创造的象征。莲花坐是重要的、很实用的瑜伽体式。

- **莲花坐的益处**

莲花坐时,血液循环加快,促进血液在腰部和腹部的循环,对脊柱和腰部器官有好处,还能改善膝盖和脚踝等关节的僵硬状况。此外,莲花坐还能促进大脑活动,使大脑变得清醒,缓解疲劳,增添活力。

- **运动前的准备**

选择一个宽敞安静的地方,穿上宽松舒适的衣服,运动前半个小时不要进食或洗澡。

在练习前先热一下身。盘腿坐下来,挺直腰背,双肩放松,下巴微收,吸气,慢慢呼气,同时头部轻轻转向左侧,然后吸气,头部还原,反侧重复,直到完全放松下来。

- **莲花坐的方法**

弯曲左腿,将左脚放在右大腿上,脚跟贴近腹部,再弯曲右腿,同左腿一样,将右脚放到左大腿上,脚跟贴近腹部。挺直颈、肩、腰、背,扩展胸部,双肩向后打开,双手在胸前合十。交换两腿位置,并重复这个练习,使双腿得到均衡的锻炼。

运用拉弓式减腹压

拉弓式是初级瑜伽动作,没有瑜伽功底的准妈妈也可以练习。

● **拉弓式的益处**

拉弓式可以拉伸手脚的肌肉和筋骨,刺激交感神经,从而达到提高体温和脉搏的目的,促进血液循环,还能缓解手臂水肿。准妈妈练习拉弓式还能增加肋骨空间,减轻腹部压力,使胎宝宝更加舒适地活动。

● **拉弓式的做法**

坐在地板上,双腿分开。伸展右腿,弯曲左膝盖,并放在叠好的薄毯上,左脚放在靠近腹股沟的位置,左脚脚掌抵住右大腿内侧。双手相叠,自然放于腹部。保持平稳的呼吸,腰背挺直。呼气,右手放在右小腿上,同时向后转动左肩并向上伸展左臂,眼睛看左手指尖的方向。呼气,身体向右弯曲。吸气,身体向外转动,伸展左臂。弯曲左肘并向后伸展,使左肘和右臂呈一条直线,眼睛看右腿方向。保持深长的呼吸,伸展右脚跟的同时下压左膝盖。吸气,身体回正。呼气,向上伸展左臂,弯曲左肘使双手手指在背后相握,做进一步的伸展。然后还原到原始坐姿,继续做反方向的练习。在练习的过程中,可以用一个柔软的垫子垫在弯曲的膝盖下方,帮助准妈妈更好地伸展。

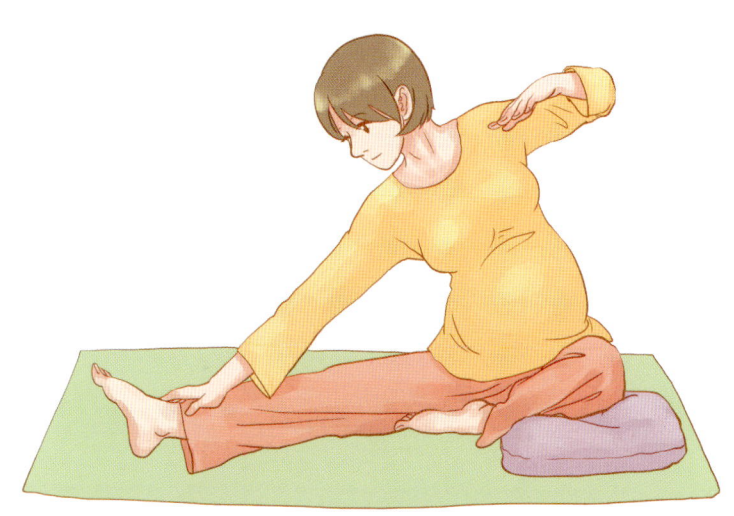

做做盆底肌运动

锻炼盆底肌可以在分娩时和产后受益，现在可以做盆底肌运动为顺利分娩和产后恢复打下基础。

● **盆底肌锻炼的益处**

骨盆底肌肉的锻炼能够增加准妈妈阴道肌肉的弹性，缩短分娩时第二产程的时间，还能加快会阴侧切或会阴撕裂伤口的愈合。此外，还能促进准妈妈直肠和阴道区域的血液循环，加强准妈妈对膀胱的控制，预防痔疮和压力性尿失禁。

● **盆底肌锻炼的方法**

1. 加强盆底肌锻炼

仰卧，两膝弯曲，双脚放平。像要中止排尿那样用力收紧阴道肌肉，维持片刻，逐渐放开。重复做10次。每日至少练习3套。熟练后在任何时间、任何地方都可以练习，无论躺着、坐着或站着。

2. 增强大腿肌肉锻炼

取坐姿，背部挺直，两脚底靠近，脚跟贴近身体。抓住踝部，用两肘向下压迫大腿。如果你感到盘腿而坐有困难，就在大腿下各放一个坐垫，或靠墙而坐。保持背部挺直。保持20秒钟。重复3次。

tips

如果准妈妈患有心肺疾病，或既往发生过流产征兆，如先兆流产、早产、羊水过多、前置胎盘、阴道流血等，不宜进行训练，以防发生意外。锻炼过程中出现任何疼痛、气短、出血、眩晕、心悸等现象，应马上停止练习。

练习坐姿孕妇操

坐姿孕妇操是从正确的坐姿到下肢运动的体操，能让准妈妈调整体质，以实现机体的平衡、协调。

● **运动益处**

如果准妈妈的坐姿不正确，极易引起身体疲劳，甚至有损胎儿健康，如果处理得不好这种影响会延伸至下一次怀孕。准妈妈要运用正确的坐姿，矫正形体，才能缓解腰背部疲劳，不易出现腰背痛。

通过脚尖和踝骨关节的活动，能够增快血液循环和锻炼脚部肌肉，防止脚部疲劳。

● **运动方法**

1 练习坐

选择一张有牢靠椅背的椅子，坐之前把两脚并拢，将左脚向后挪一点，然后轻轻地坐在椅子中间。坐稳后，再向后挪动臀部把后背靠在椅背上，深呼吸，使脊背伸展放松。

2 运动脚部

坐好后，让腿和地面呈垂直状，两腿并拢平放在地面上。脚尖使劲向上翘，待一呼一吸后再恢复原状。将左小腿放在右腿上，上下活动脚踝。还原，换右小腿搭在左腿上，上下活动脚踝。两腿交替进行。每次运动脚部3～5分钟即可。

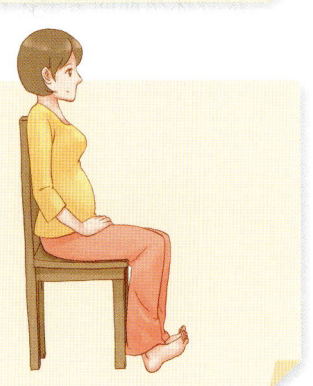

tips

准妈妈所坐椅子不应过高、过矮，以40厘米为宜。当由立姿改为坐姿时，准妈妈可以先用手在大腿或扶手上支撑一下，再慢慢地坐下。当坐姿改为立姿时，动作也要缓慢。

6. 抚摸胎教

● 来回抚摸有良效

一般情况下，怀孕 2 个月开始，胎儿就在母体内活动了，但这时的活动幅度很小，准妈妈不能感知。随着妊娠月份的增加，活动幅度会越来越大，从吞吐羊水、眯眼、咂手指、握拳，直到伸展四肢、转身、翻筋斗等。一般从孕 3 月开始，就可以实施抚摸胎教了，不过根据妊娠的月份不同，抚摸胎教的方法也有不同。

怀孕 3 个月以后，准妈妈可以进行一些来回抚摸的练习。即在腹部完全松弛的情况下，准爸爸或准妈妈自己用手从上至下、从左至右来回抚摸。一开始宝宝不会有什么反应，但过几个星期后，宝宝就会有轻轻蠕动、手脚转动等反应。在抚摸的时候，动作要轻，时间不宜过长。如果发现宝宝用力挣扎或蹬腿，则表示你影响到他的休息了，要马上停止。

进行抚摸胎教时，准爸爸准妈妈可以通过抚摸的动作配合声音与腹中的胎儿进行"沟通"，在说话的时候注意声音要温柔，这样可以使胎儿有种安全感，能够使他感到舒服和快乐。

尽管怀孕期间宝宝还在妈妈肚子里面，还无法拥抱，但是父母那充满爱心的抚摸，宝宝是可以感受到的。抚摸胎教很好地锻炼了宝宝的触觉，以此来促进宝宝大脑细胞的发育，加快宝宝的智力发展。除此之外，抚摸胎教还可以激发胎宝宝的积极性，让宝宝运动神经更加发达。温柔地来回抚摸，也正是一家人交流感情的良好时机，让胎宝宝被准妈妈和准爸爸的爱环绕着，他会觉得既舒适又幸福。

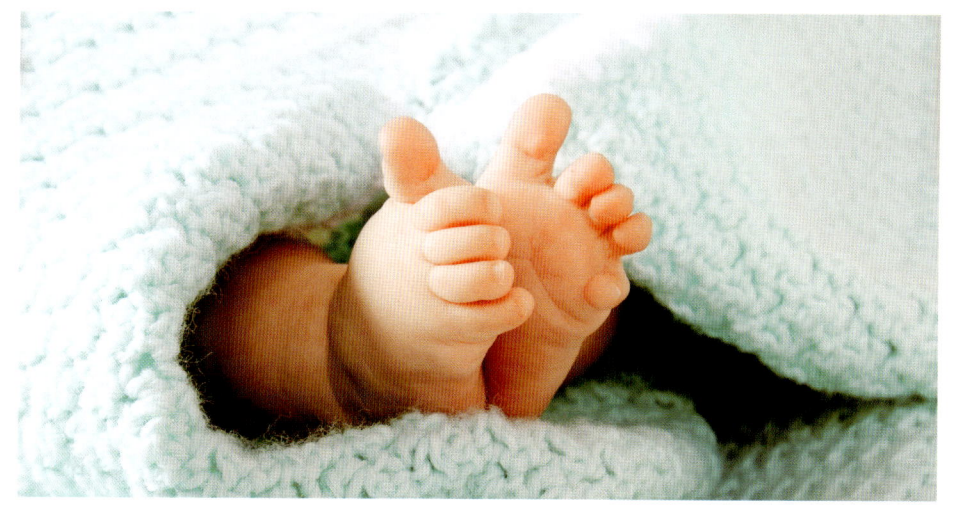

● 触压拍打练习

一般在怀孕 4 个月以后，随着胎动的出现，准妈妈可以在来回抚摸的基础上进行一些轻轻的触压拍打练习。

具体做法是：孕妇先排空小便，仰面平卧在床上，然后放松腹部，先用手在腹部从上至下、从左至右来回抚摸，并用手指轻轻按下再抬起，然后做一些按压和拍打的动作，给胎儿以触觉的刺激。准妈妈也可以采取其他的姿势，如将上身垫高，采取半仰卧姿势。不论采取什么姿势自己一定要感到很舒适。

注意胎儿的反应类型和反应速度。不同的胎儿反应速度有快有慢，有的可能马上给出回应，但大部分的胎儿刚开始时不会做出反应，准妈妈不要灰心，一定要坚持有规律地去做。一般过了几个星期后，胎儿就能听懂准妈妈的语言了，并会对触压动作有所反应，如身体轻轻蠕动、手脚活动等。这样的情况就可以继续抚摸胎教。同样的，按压拍打胎儿时，动作一定要轻柔，如果感觉到胎儿用力挣扎或者蹬腿，则表明他不喜欢，应立即停止。

刚开始时每次可以练习 5 分钟，胎儿做出反应后，每次可以练习 5～10 分钟。一般早晚各一次，要选择在胎儿精神状态良好时进行，如傍晚胎动频繁时。准爸爸也可以协助准妈妈来完成。

本月胎动会越来越明显，用触摸的方法进行胎教的次数可以适量增加。在胎动最为频繁与活跃时做触摸胎教效果最明显。胎宝宝和爸爸妈妈之间的良性互动，会给宝宝带来健康积极的影响，准爸爸、准妈妈也会收获无与伦比的珍贵体验。但是准妈妈也应该细心一点，注意区分胎动的类型。到底是胎儿在睡觉时翻身、偶尔活动，还是确实醒着在娱乐。如果准妈妈有早期宫缩现象，则不可以练习该动作。

7. 美育胎教

● **欣赏优美的摄影作品**

摄影是一门较为年轻的艺术门类,它是一种对现实高度的概括。与任何艺术一样,它来源于生活而又高于生活。拍摄者使用照相机反映社会生活和自然现象,用有艺术感染力的照片来表达思想感情。

摄影中包含的不仅仅是画面中表现出来的影像,还包含了诸如哲学、人类学、社会学、历史学、艺术史等方面的背景,是一种雅文化,准妈妈学会欣赏名家摄影作品,可令自己对艺术的理解更加深刻,与此同时,也可将这样的艺术感染力传递给胎宝宝。

这个阶段,准妈妈不妨多欣赏一些优美的、以准妈妈和胎宝宝为主题的摄影作品,这样的作品特别能引起准妈妈的共鸣,艺术感染效果更好。

如果准妈妈本人对摄影技术有一定的了解,也可以尝试自己来摄影,做个摄影艺术的实践者,这不仅能提高艺术修养,还能提高对美学的把握度,一举多得。

● **欣赏世界名画**

题材丰富、意境深远的世界名画不但能给人以无限美妙的精神享受,愉悦心境,还能开阔欣赏者的视野,提高审美能力和自身素质。这对准妈妈的身心健康无疑是有益处的。

在欣赏世界名画时,重要的不是准妈妈看到了什么,而是体验到了什么样的感受。这是因为虽然胎儿无法知道和理解妈妈看到了什么,却能敏锐地捕捉到妈妈的情感,并做出反应。因此,准妈妈要选择自己喜欢的作品。欣赏作品时,可以尝试着剖析作者的创作意图,关注作品的色彩和构思,这样可以提高欣赏的情趣。深入理解作者的生平及作品诞生的时代背景,也有助于赏析。也许您每次欣赏都会有不同的认识和感受。在欣赏的同时,准妈妈可以将绘画的主题,整体散发着怎样的气息,自己感受到了怎样的情感,讲给胎儿听。

三、孕6月，你看见妈妈的肚皮了吗？

孕6月，宝宝的身体进一步长大，在妈妈的子宫里活动越来越频繁了，这是宝宝发育良好的标志。此时，准妈妈的情绪较为平稳，身体上也感觉舒适，正是做胎教的好时机。除了继续之前的胎教之外，还应重视运动，对自己和宝宝都有好处。

1. 妈咪宝贝的变化

● 孕6月妈妈的身体变化

已经怀孕6个月了，随着身体的越发笨重，很多准妈妈可能会产生一种错觉——似乎已经度过了一个相当漫长的孕期，内心开始期盼宝宝的出生。这种想法的产生与生理、心理都有关系，此时不妨安排一次孕期旅行吧，对自己和胎宝宝都有益处。

准妈妈21周时 由于日益增大的子宫会压迫到肺部，准妈妈可能会觉得比平时更容易疲劳，特别是爬楼梯的时候，走不了几级台阶就会气喘吁吁了。这一阶段孕妇容易出现贫血现象，可多吃含铁丰富的食物。

准妈妈22周时 此阶段肚子还不是很大，身体也较为舒适。有些准妈妈乳房会开始分泌初乳，乳晕小结开始分泌乳汁，以保护乳头。

准妈妈23周时 体重大约每周会增加300克。由于增大的腹部影响到消化系统，可能会有消化不良或胃部灼热感。若发现分泌物略有增多，是正常现象，无需担心。

准妈妈24周时 子宫进一步增大，身体重心前移。一些准妈妈会出现刷牙时牙龈出血的现象。便秘症状加重，应注意适当运动。

● 孕6月胎儿的发育状况

怀孕6个月的时候,胎儿脸上各部位都已基本发育成形,手脚开始伸展,身体的动作也越来越协调。如果仔细观察胎动会发现,宝宝的睡眠模式已经固定下来,活动与睡眠的时间互相交替,更有规律了。

胎儿21周时 肌肉和神经已经发育,加上羊水量的增多,胎儿能够在羊水中更加自如地活动。如果子宫收缩后受到外界的压迫,胎儿就会猛踢子宫壁,把信息传递给准妈妈。

胎儿22周时 体重开始大幅度增加。身上变得滑溜溜的,开始出现胎脂,胎脂可以保护胎儿。胎儿的皮肤看上去红红的、皱皱的,像个"小老头"。

胎儿23周时 胎儿身长约28厘米,重约500克。身体越来越匀称,看起来已经是个微型宝宝了。咳嗽、皱眉、打嗝、眯眼、吮吸拇指、吞咽羊水等动作已经越来越熟练。听力已经形成,熟睡时会被外界的声音吵醒。

胎儿24周时 皮肤薄且有很多小皱纹,浑身覆盖着细细的胎毛。胎动变得有规律、有节奏,一般明显的胎动1小时不少于3~5次。

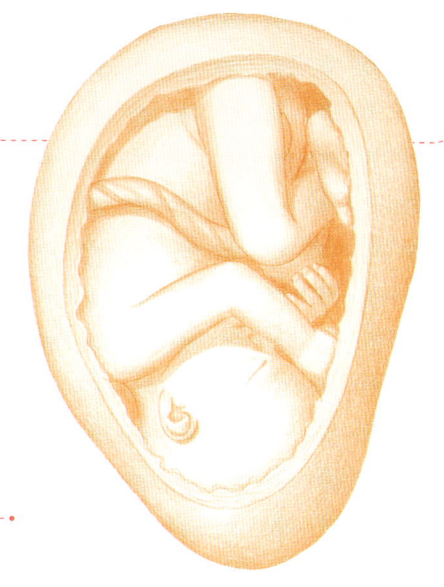

2. 本月胎教重点

本月准妈妈应重视运动胎教。多进行一些适宜的运动，有助于安胎顺产，调整情绪，宝宝也更加活泼。

怀孕以后，很多准妈妈都容易发懒，什么都不想干，什么都不愿意想，特别是在较为舒适的孕中期。这其实是胎教学上的一大忌讳。如果准妈妈不运动、不思考，胎儿也会受其影响，变得懒散起来。相反，如果准妈妈保持有规律的运动习惯，经常学习、思考，则可以使胎儿不断受到刺激，促进大脑神经细胞的发育。

- 准妈妈应多运动、勤思考

怀孕到6个月左右的时候，胎儿和母体的状况都比较安定，此时适宜做一些简单的运动。一方面可以促进血液循环，促进新陈代谢，让准妈妈精力充沛、心情愉悦；另一方面，锻炼身体局部的肌肉力量，可以让未来分娩更为顺利。对于胎儿来说，运动可以充分地摄取氧气，胎儿的脑发育也会因此而变得更加活跃，出生后更加聪明。准妈妈勤动脑、常学习，保持思维的敏捷性和灵活性，对胎宝宝语言及思维发展也具有潜移默化的影响。

- 帮胎儿做运动

除了准妈妈要多进行运动之外，还可以帮助胎儿在子宫里做运动训练。孕6月时，胎儿能在妈妈的羊水里更加自由地活动，如吞咽、握拳、抬手、伸腿、转身等，这表明胎儿已经有了一定的运动能力。如果能帮助胎儿在子宫里做运动，比如轻轻拍打腹部，对于宝宝出生后的运动发展有帮助，翻身、爬行、坐立、行走等通常都会明显提前，反应速度也会较快。

准爸爸这样做

◎督促准妈妈做运动，如果准妈妈情绪慵懒，不妨陪着准妈妈一起运动，可以调动运动的积极性。

◎和准妈妈一起为胎宝宝起个乳名吧，在做胎教时可以用乳名来呼唤宝宝，他会感到熟悉、亲切，并有安全感。

3. 经典胎教推荐——一起玩踢肚游戏

胎宝宝是一个有感觉的小生命，他能听，能感觉，能动，甚至能看。准妈妈应该多和他做一些互动，轻声的呼唤、轻柔的抚摸都是不错的交流方法，还可以适当加一些游戏的内容，游戏的种类多种多样，关键是让胎宝宝参与到其中来。与胎儿做游戏不但可以增进胎儿活动的积极性，而且也有利于他的智力发育。

"踢肚游戏"是特别适合这个时期胎儿的胎教法。准妈妈或者准爸爸用手掌轻轻拍击胎儿，以诱引他用手推或用脚踢的回击，通过这种游戏达到胎教的目的。

经过踢肚游戏胎教法训练的胎儿出生之后，学习站立和走路都会快些，动作也较灵敏，而且不爱啼哭，相比未经过这种胎教训练的宝宝更活泼可爱。

做这种游戏之前通常需要经过一段时间的抚摸训练。

● 踢肚游戏怎么玩？

当感觉到胎儿踢你的肚子时，轻轻拍打被踢的部位，诱导胎宝宝进行第二次踢肚。

通常1~2分钟后胎儿会再次踢肚，这时候再轻拍几下，然后停下来。

待胎儿再次踢肚的时候，可以更换拍打的部位，胎儿会向着改变的方向去踢，但应注意改变的位置不要离胎儿一开始踢的地方太远。

这个游戏可以每天进行两次，每次几分钟。最好在每晚临睡前进行，因为这时胎儿的活动最多，但要记得时间不要太长，以免引起胎儿过于兴奋，这样准妈妈会无法安然入睡。同时还要注意准确判断胎儿的作息规律，不要在他睡觉偶尔翻身的时候去拍打，以免影响胎儿的睡眠。

另外，做这个游戏的时候，要注意拍打肚子的轻重适中。太轻了，可能胎宝宝感受不明显，不会做出回应，太重就会惊扰到胎儿，使准妈妈和胎宝宝发生危险。

4. 营养胎教

本月饮食原则

忌吃过敏性食物

过敏性食物通常是准妈妈容易忽略的一大危险因素，据统计，约有50%的食物对人体有致敏作用，如花生、海鲜、牛肉等。准妈妈食用某些过敏食物后，经过消化吸收，可从胎盘进入胎儿血液循环中，对胎儿的生长发育造成不利影响，严重的可造成流产、胎儿发育畸形等。因此，为了防止过敏情况的发生，有过敏体质的准妈妈一定要注意食物的挑选，禁止吃孕前曾引发过敏的食物。一旦出现食物过敏的现象，应立即就诊。

多吃让宝宝更聪明的食物

本月宝宝大脑发育的速度加快了，准妈妈可以多吃对大脑发育有益的食物，让宝宝更聪明。比如核桃、芝麻等食物可以促进胎儿脑发育，因为这些食物中含有丰富的脑磷脂、卵磷脂和DHA，这些都是大脑细胞发育的重要原料。其中，核桃还含有亚麻酸，这种物质对胎儿脑部、皮肤、肾功能的发育都十分重要。还有含牛磺酸的食物也对大脑发育十分有益，因为这种物质是一种含硫氨基酸，可促进大脑发育，增强记忆力，可适当从瘦肉、家禽肉类、牡蛎等食物中摄取，有助于孕育出聪明宝宝。

多吃让宝宝皮肤好的食物

如果父母肤色偏黑，准妈妈可以多吃西红柿、葡萄、橘子、花菜、冬瓜、洋葱、大蒜、苹果等富含维生素C的食物，可抑制皮肤黑色素生成，减少黑色素的沉淀，使日后生下的婴儿皮肤白嫩细腻。如果父母皮肤粗糙，准妈妈可食用胡萝卜、西红柿以及绿色蔬菜、水果、干果和植物油等富含维生素A的食物，能保护皮肤上皮细胞，使日后孩子的皮肤细腻有光泽。

本月关键营养素

蛋白质

胎儿各器官功能的发育,都需要依靠体内组织蛋白质的合成与积累,而且蛋白质是胎儿大脑发育所必需的营养物质,本月是胎儿身体各器官快速发育的时期,因此,蛋白质的补充非常重要。如果准妈妈在这个阶段缺乏蛋白质,就无法为子宫、胎盘、乳腺组织的变化提供足够的营养。孕中期,准妈妈依然要坚持每天补充 80~85 克的蛋白质。

脂肪

脂肪是构成脑组织非常重要的营养物质,占脑重量的 50%~60%,在胎儿大脑发育的高峰期,准妈妈必需有足够的脂肪来为胎儿发育提供必需脂肪酸,用于胎儿大脑和身体各部位的组建。准妈妈缺乏脂肪还容易影响脂溶性维生素的吸收,造成维生素 A、维生素 D 等营养物质缺乏,进而影响胎儿骨骼、视力的健康发育。脂肪的补充一般占到总热量的 25% 即可,不可过多,以免引起肥胖。

糖类

糖类是大脑组织的直接能量来源,其中的葡萄糖是胎儿代谢必需的营养物质,如果准妈妈缺乏,就会影响胎儿正常的代谢活动。孕中、晚期,如果准妈妈每周体重增加 350 克,就说明糖类的摄入量合理,如果体重增长过慢,就说明摄入不足。

铜

铜是人体所必需的营养物质,可影响铁的吸收和运输,对胎儿大脑发育十分重要。如果准妈妈缺乏铜,就会造成胎儿生长过慢,影响胎儿的新陈代谢,使体内铁元素无法被吸收利用,造成胎儿缺铁性贫血。可见,胎儿发育必须补充足够的铜,准妈妈每天摄取的铜不要超过 3 毫克,可以从瘦肉、黄豆、花生、核桃等食物中摄取。

食谱推荐

鸡蛋肉墩卷

原料 肉馅160克,鸡蛋液50克,生粉10克,姜末5克,葱末4克

调料 盐3克,生抽3毫升,胡椒粉2克,食用油适量

做法

1. 将鸡蛋液打散,搅匀,待用。
2. 在盛有肉馅的碗中,放入姜末、葱末、盐,倒入生抽、胡椒粉,注入适量清水,搅拌均匀,放入适量生粉,搅拌均匀。
3. 热锅中刷上一层油,倒入鸡蛋液,煎制成蛋饼,捞起,放入肉馅,卷成蛋卷,放入盘中,转入蒸锅,盖上锅盖,蒸15分钟。
4. 待时间到,打开锅盖,取出肉卷,将肉卷切成小块即可。

猪血豆腐青菜汤

原料 猪血300克,豆腐270克,生菜30克,虾皮、姜片、葱花各少许

调料 盐2克,胡椒粉、食用油各适量

做法

1. 洗净的豆腐切成条,改切成小方块;洗好的猪血切成条状,改切成小块,备用。
2. 锅中注入适量清水烧开,倒入备好的虾皮、姜片,倒入切好的豆腐、猪血,加入适量盐,搅拌均匀。
3. 盖上锅盖,用大火煮2分钟。
4. 揭开锅盖,淋入食用油,放入洗净的生菜,拌匀,撒入胡椒粉,拌至食材入味,盛出煮好的汤料,装入碗中,撒上葱花即可。

5. 运动胎教

抬腰提肛运动

抬腰提肛运动简单易行，不需要多长时间，但功效却很显著，适合孕中期的准妈妈练习。

● **抬腰提肛的益处**

抬腰提肛运动是训练腰背和骨盆肌肉的一种孕妇体操，对分娩时放松肌肉很有帮助，还可以缓解孕期便秘。此外，还对改善孕中期可能出现的尿漏很有帮助。

● **抬腰提肛的做法**

仰卧，平躺于瑜伽垫或床上，双腿放平，双手打开，与身体呈直角，掌心向下，平静地呼吸。左脚向上弯曲，然后左腿向左边打开，放回原位。换右脚向上弯曲，然后右腿向右边打开，放回原位。双手自然放于身侧，掌心向上，慢慢吸气，同时收缩肛门，腰部抬起。慢慢呼气，放松腰部，再放松肛门。此运动可在每天早晚各做1次，每次5分钟。做的时候腰要尽量离开床面。

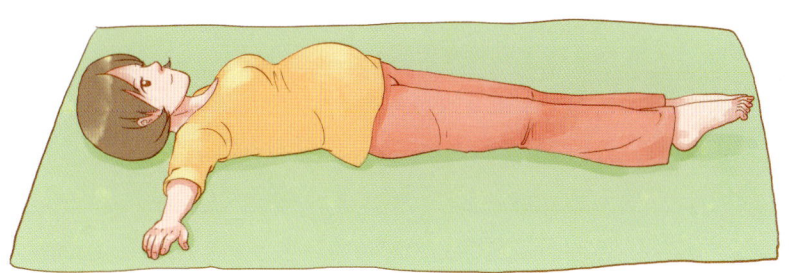

tips

抬腰提肛运动对孕妇的好处虽然有很多，但是也要注意运动安全，最好在医生的指导下练习，否则，很容易引起肛门的局部感染或是炎症。患有痔疮或其他疾病的孕妇，可能是提肛运动的禁忌人群，要注意避免提肛运动可能会带来的身体不适。

练习床上运动

床上运动不用花费太多时间，可以在清晨和晚上进行，运动量也不大，适合孕6月的准妈妈锻炼。

● 床上运动的益处

舒缓的床上运动可以帮助准妈妈锻炼腰部力量，缓解腰背部不适。此外，还可以有效保护内部脏器，扩大肺活量，促进肠蠕动，缓解孕期便秘。

● 床上运动的做法

1 转腰

自然坐在床上，两腿前伸成V字型，双手放在膝盖上，上身左转，保持两腿伸直，足趾向上，腰部要直，目视左脚，慢慢从1数到10，然后转至右边，同样从1数到10，恢复原来的姿势。

2 抱膝

仰卧在床上，膝部放松，双脚平放于床面，两手自然放在身体两侧，将左膝抱起，使之向胸部靠拢，然后换右腿。

3 侧身

仰卧在床上，双膝屈起，手臂放在身旁，侧身滚向右边，用右臀着床，头向左看，恢复原来的姿势。然后滚向左边，以左臀着床，头向右看，反复做5次，以活动颈部和腰部。

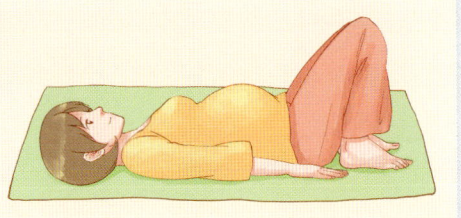

4 抬膝

跪于床上，双手双膝平均承担体重，背部挺直，使头与脊柱呈一条直线，慢慢将左膝抬起靠近胸部，然后抬头，左腿向后伸直，再换右腿进行。

蹬自行车缓解便秘

蹬自行车运动可以增强腿部力量,也是一种非常好的可以按摩腹部内脏器官的运动。

● **蹬自行车的益处**

蹬自行车运动能改善人的心肺功能,锻炼下肢肌力和增强全身耐力,还能预防和消除便秘。此外,还有利于减轻分娩时的痛苦,促进分娩顺利进行。产后练习,则能及早去除子宫瘀血。

● **蹬自行车的做法**

仰卧,双手自然放在身体两侧,掌心贴地。吸气,双腿竖直上举,至与地面垂直。呼气,左腿绷直下落。右腿屈膝,大小腿呈直角状,大腿向胸口方向弯曲靠拢。吸气,双腿交换动作,右腿向斜上方伸直,左腿屈膝向胸口方向弯曲。自然呼吸,双腿轮替,如蹬自行车;呼气,双腿慢慢落地,伸直并拢,身体仰卧休息。呼吸的节奏要与踩踏的节奏相互配合。双腿抬起的幅度可以根据准妈妈自身的情况而定,特别是腹部隆起后练习要更加小心。

tips

在练习的过程中,双腿轮流交替运动时注意不要挤压腹部。做完后,放松身体,直到呼吸恢复正常为止。

增强腰背肌力量

腰背肌是承载身体负荷的部位，很容易受累，所以要经常运动，缓解疲劳。

● **锻炼的益处**

随着胎儿的增长，准妈妈的身体重心会发生改变，为了平衡，准妈妈往往需要将身体前倾，这种姿势会加重韧带和脊柱的负荷，导致腰背部及肩膀的疼痛。到了孕6月，疼痛会加重，建议准妈妈做些合理的有氧运动，可有效缓解这种疼痛。

● **运动方法**

以舒适的姿势侧卧在地毯上，左手臂自然放在身上，右手臂屈肘向头部弯曲，并把小臂枕于头下，左腿向下伸直，右腿向上屈膝并放在一个枕头上。以闭目养神的样子在心里默数到10，先深吸气再做呼气动作。做完之后，上身再向相反方向侧卧，做相同的动作。随后将两条腿放松地跪在地毯上，向前弓腰，双臂下伸，两手扶地，两条手臂与大腿平行，两条小腿着地。心里默数到10，先深吸气再呼气，然后身体重心移向双手和双膝。保持刚才的姿势，准妈妈将头慢慢地低下，让颈部自然挺直。心里默数10下，先深吸气再做呼气动作，然后身体恢复原状，使背部受力。重复5或6次，一定要动作轻柔缓慢，放松腹部。

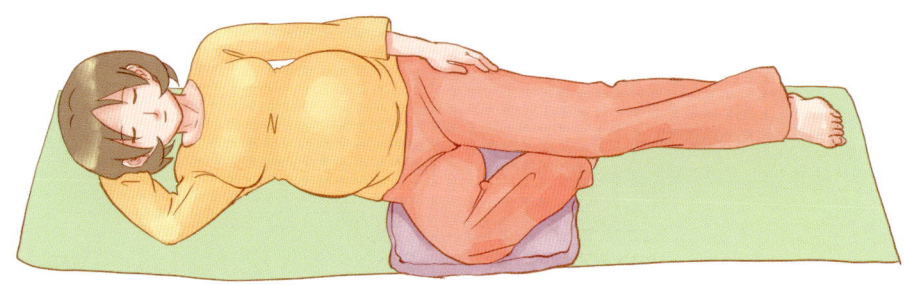

6. 语言胎教

● 故事是世界的眼睛

现代医学已经证明,生活在母亲子宫里的胎儿是个能听、能看、能感觉的小生命,胎宝宝6个月大时,听觉几乎和成人相差无几。这时给宝宝讲故事,能锻炼宝宝的听力,而给胎宝宝讲故事也是一项不可或缺的胎教内容。

讲故事时,准妈妈应把腹内的胎儿当成一个大孩子,将故事娓娓动听地述说出来,把亲切的语言通过语言神经传递给胎宝宝,使胎儿不断接受客观环境的影响,在不断变化的文化氛围中发育成长。

爸爸妈妈须知道,6个月大的胎宝宝在准妈妈的腹中被温暖的羊水包围着,对外界的声音听得并不如想象中那般真切,他们往往对来自妈妈的声音较为敏感,而爸爸浑厚、低沉的声音也能带给宝宝好感,因此,无论是准爸爸还是准妈妈,都可以每天给宝宝讲故事,讲故事是适合一家人一起进行的一种良好的胎教方式。

关于所讲的故事内容,准妈妈可以自己随意编就、发挥,也可以选择好的故事书阅读,如果是故事书,建议选择图文并茂的儿童读物,还可以给胎儿朗读一些优秀的儿歌、散文等。

故事阅读的方式也可以根据准妈妈的具体情况而定。例如,可以让准妈妈取一个自己感觉舒服的坐姿,由准爸爸大声读给妻子听,既能安抚准妈妈的情绪,又可以增进夫妻感情;也可以在准妈妈闲暇之余,或在公园小坐时,或晚上睡觉之前,由准妈妈自己以温柔的声音读给胎儿听,这样既可以给孕妇增加适当的肺活量,又可以帮助自身更好地调节情绪,进入良好的身体状态。同时,更有利于胎宝宝熟悉妈妈的声音,培养亲子感情。

tips

胎宝宝出生后,爸爸妈妈可以继续给孩子讲故事,进一步帮助孩子掌握语言技巧,加强词汇积累,给孩子营造丰富的情感世界,养成良好的阅读习惯。

● 讲故事的注意事项

给孩子讲故事，尤其是给胎宝宝讲故事，是有很多讲究的，掌握了以下注意事项，可以让故事胎教达到事半功倍的效果。相反地，如果违背了下列细节，可能会引起胎宝宝的不良反应。

在选择故事书时，应广泛选择各类书籍，不要有先入为主的观念，自以为宝宝会喜欢哪些书籍。

讲故事时吐字要清楚，最好使用标准的普通话。

讲故事时声音要和缓，避免尖声尖气地喊叫，以免刺激宝宝。

故事内容要适合胎儿的智力水平，不要过于深奥、晦涩。

所选取的故事内容宜短不宜长，以免胎教时间过长，引起宝宝反感。

故事内容应选择轻松愉悦和有趣的，既要防止平淡乏味，又不宜讲易引起恐惧、惊慌和伤感，以及使人感到压抑的故事。

在读故事之前，最好先将故事的内容在脑海中形成影像，以便比较生动地传达给胎儿。

为了让准妈妈的感觉、思考和胎儿达到更充分的交流，讲故事时最好保持平静的心境和注意力的集中。

用绘声绘色的语言讲述故事的内容，使自己更好地融入故事中去。

讲故事的过程中要注意与胎儿互动，可以分角色饰演，多问问胎儿的感觉，假想一下他的反应，这样更能调动积极性。

7. 音乐胎教

● **根据宝宝性格选择合适的音乐**

怀孕第 6 个月时，胎儿的听力几乎和成人接近，他的身体能感受到音乐的旋律，体会到美感，因此这个阶段正是对胎儿进行音乐胎教的良好时机。

准父母在选择胎教音乐时，可以参考一下胎儿的性格，主要是根据胎动的类型来确认音乐类型。

这一时期胎儿的特质会通过胎动的表现形式体现出来，比如有的胎儿"淘气"，有的"顽皮"，也有的"安静"，只要多多留心，就可以掌握一些胎儿的性格特征。

通常，活泼好动的胎儿喜欢听一些节奏缓慢、旋律柔和的乐曲，如《勃兰登堡协奏曲》《摇篮曲》等；文静、不爱活动的胎儿则喜欢听一些轻松活泼、跳跃性强的儿童乐曲、歌曲，如《铃儿响叮当》《牧童短笛》等。

另外，喜欢安静的宝宝适合听的胎教音乐有《G 大调第十三号小夜曲》《the family》《波兰圆舞曲》《德朗的微笑》《大螃蟹》《卡布里的月光》《傻瓜汉斯和小花猫》等，这些音乐曲调温柔而不打扰胎儿；一动起来就干劲十足的宝宝适合听的胎教音乐有《梦于月光中》《你眼中的奇迹》《hush a bye, baby》《德里戈小夜曲》《精灵之吻》《拉庇泰人与马人之战》《卡德摩斯》《三字经》，这些音乐体现了很浓的情感，或欢快或柔美，有利于宝宝情商的开发；机灵敏感的宝宝适合听的胎教音乐有《红鼻子的鲁道夫》《第一交响曲》《降 E 大调长笛小奏鸣曲》等，活泼欢快的节奏给宝宝传递活跃的能量，有助于培养灵活机智的大脑。

除此之外，《雪绒花》《唐僧骑马咚咚咚》《走跑歌》《大蜗牛》等也适合本月聆听。

如果能跟着节奏，将音乐表达的内容与胎儿的性格结合起来，将对胎儿的生长发育起到明显的效果，从而收到更好的胎教效果。

四、孕7月，听爸爸妈妈的话

舒适的孕中期即将过去，随着肚子的增大，准妈妈开始出现诸多不适，可胎宝宝却正是大脑和感觉系统发育的关键时期。所以，准妈妈一定要注意多休息，放松身心，以良好的状态给宝宝做胎教。

1. 妈咪宝贝的变化

● 孕7月妈妈的身体变化

肚子越来越大了，由于增大的子宫压迫到盆腔和内脏器官，准妈妈身体上的各种不适也渐渐开始出现并明显起来：时不时地就会感觉到疲劳、腰酸背痛，手脚出现水肿现象，便秘进一步加重，尿频、失眠也开始出现了。

准妈妈25周时 腹部和乳房上会出现妊娠纹，不必担心，产后会逐渐变淡甚至消失。一些准妈妈会感觉到眼睛不适、怕光、发干、发涩，要注意对眼睛的防护。

准妈妈26周时 常常会觉得心神不安，睡眠也变差了。下肢水肿现象开始出现。此时，准妈妈一定要注意多休息，保持良好的心境。

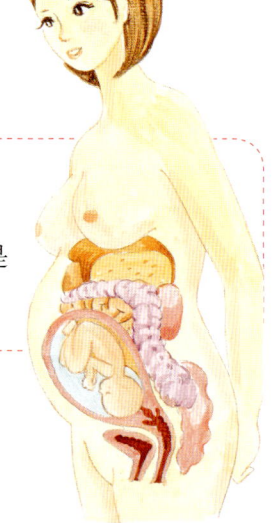

准妈妈27周时 由于子宫的压迫，肠蠕动减慢，便秘现象加重。如果发现乳房分泌出了少量乳汁，这是正常的，需注意做好乳房护理。

准妈妈28周时 子宫底已上升到肋骨下缘，顶压膈肌，准妈妈常常会感觉到气短。因为腹部沉重，睡觉时平躺的姿势会觉得有些不舒服，可以侧卧。

● 孕 7 月胎儿的发育状况

此时期的胎宝宝正在学习使用自己的反射神经做活动，由于大脑的快速成长，已经能够依靠自己的意识，操控身体的动作。能睁眼闭眼，能感受到光线。如果发出比较大的声响，妈妈就能感受到宝宝在肚子里面吓到跳起来的动作。

胎儿 25 周时 身长约 30 厘米，重约 600 克，在妈妈的子宫中已经占据了相当多的空间，开始充满整个子宫。大脑发育进入了一个高峰期，大脑细胞迅速增殖分化，体积增大。眼睛已经有了对光亮的感觉。

胎儿 26 周时 坐高约 21 厘米，身长 32 厘米左右。大脑思维部分快速发育。此时胎儿已经能感觉到疼痛，味觉感受敏锐。内脏的形状和功能已经接近成人的状态。

胎儿 27 周时 体重已有 900 克左右。眼睛可以睁开和闭合了，睡眠周期非常有规律。很多胎儿此时已经长出了胎发。此时，胎儿的大脑已经发育到了一定的水平，听觉神经系统也已经发育完全。

胎儿 28 周时 大脑已相当发达，逐渐可以控制自己的身体了。如果外部有光亮，眼睛会有一定的感知。头上有了明显的头发，皮肤逐渐变得平滑起来。男孩的阴囊明显，睾丸已开始由腹部往阴囊下降；女孩的小阴唇、阴核渐渐突起。

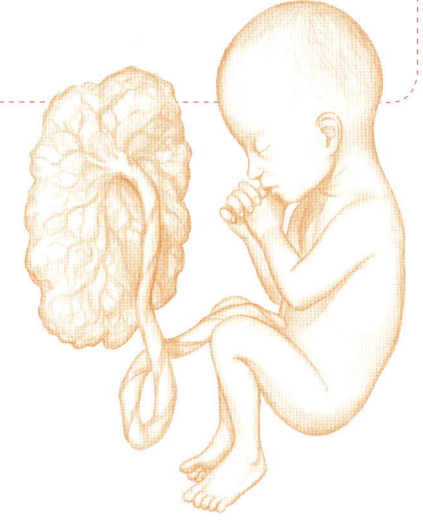

2. 本月胎教重点

本月应以抚摸胎教为主，由于胎儿已经有了一定的学习能力，语言胎教、色彩和美育胎教也应同时进行。

怀孕7个月的时候，胎儿基本上已经发育完全，声音感应神经系统也将要完成发育，大脑有了一定的思考能力，对外界的感触更加敏感。此时的胎儿已经具有了一定的学习能力，成熟度也非常高了。所以，抚摸胎教和语言胎教依然是胎教的重点，必须要持续进行。除此之外，父母还可以适当进行一些深层次的胎教，比如色彩胎教、美育胎教和环境胎教等。

● 多抚摸胎儿，多和胎儿说话

多抚摸胎儿、和胎儿多说话，可以促进胎儿感觉系统、神经系统和大脑的发育。由于胎儿的活动和睡眠规律逐渐形成，胎教的时间也最好是固定的，比如下午或睡前等，以便于宝宝在时间上有一定的信息反映。

● 带胎儿感知外面美丽的世界

科学研究证明，不同的颜色会对人的心理产生不同的效应，从而左右人的情绪和行为。准妈妈应尽量让胎儿多感受大自然天然的颜色，带胎儿认识不同的颜色和图形，欣赏美景美画，这样可以让胎儿认识一个绚烂的世界，让他对颜色和美形成良好的印象，促进其大脑发育，让胎儿更加聪明、机敏。

注意，在准妈妈感觉疲劳或情绪不佳时，就会出现频繁的胎动，不宜进行胎教，以免影响到胎儿的接受能力。所以，情绪胎教也应停止，以保证传达给宝宝积极愉悦的情绪。

准爸爸这样做

◎宝宝喜欢听爸爸充满磁性的声音，孕7月的抚摸胎教和语言胎教可以多由准爸爸来进行，边抚摸边和宝宝讲童话故事。

◎多陪伴、体贴准妈妈，可以是一顿丰富的晚餐，也可以是睡前几分钟的按摩，都能让准妈妈和胎儿感受到浓浓的关爱。

3. 经典胎教推荐——准爸爸模拟给宝宝喂饭

有人认为，胎儿是在母亲的腹中生存的，那么胎教的责任自然应由孕妇一人承担。这种想法是错误的。母亲是胎教的主角，未来的父亲在胎教过程中，也同样担负着重要的责任。准爸爸配合得好坏，直接关系着胎教质量的好坏。准爸爸在配合妻子进行胎教的过程中，还有许许多多的事情需要去做，诸如听胎心、数胎动、唱儿歌、诵诗词等。

准爸爸做胎教的方式可以有很多，比如，跟胎儿对话、抚摸准妈妈的肚皮、放音乐给胎宝宝听、讲故事给胎宝宝听等。其中比较有意思的一种就是模拟场景游戏。这是准妈妈和准爸爸合作，一起通过想象胎宝宝出生后的生活场景，来和胎宝宝一起玩的游戏，有点类似于孩子们的游戏过家家。其中孕 7 月可以尝试模拟给宝宝喂饭。

在准妈妈进餐时，准爸爸就可以模拟给胎宝宝喂饭。准爸爸在模拟喂饭的时候要注意语言上的配合，一边喂一边跟宝宝说，"宝宝，爸爸正在喂你饭吃呢！""爸爸做的饭好不好吃呀？""宝宝喜欢吃蔬菜吗？"等等。这样做既可以加深与胎宝宝之间的联系，还可以加深与准妈妈之间的感情，可谓一举两得。

在做这个胎教的时候，需要准爸爸和准妈妈有足够的耐心，并且能够持之以恒。因为最初胎宝宝可能不会有什么回应，但千万不要因此气馁，要相信，你现在做的一切，宝宝都能感知得到。准爸爸和准妈妈要明白，最重要的不是你到底做了什么，而是持续不断地把无私的父爱和母爱传达给尚在腹中的胎宝宝，使他能够在浓浓的爱意中健康成长。这样一来，不论是模拟吃饭，还是模拟其他场景，都能起到良好的胎教作用。

4. 营养胎教

本月饮食原则

防止营养过剩

营养过剩容易造成准妈妈肥胖，引发妊娠糖尿病等疾病，还容易产生巨大儿，造成难产，对胎儿的生长也很不利。营养过剩主要是食物摄入过多或摄入不当造成的，在补充营养素的过程中，过量补充也是造成营养过剩的重要原因。比如，维生素 A 摄入过量容易引起胎儿骨骼发育异常，维生素 D 摄入过量容易造成胎儿出生后智力低下、食欲不振等。为了胎儿的健康，准妈妈进食一定要适量。

控制盐分的摄入

本月准妈妈可能会出现水肿的现象，需要控制盐分的摄入。准妈妈吃太多盐分含量高的食物，容易导致体内钠潴留，引起水肿和高血压等不适症状。准妈妈产生水肿后，会妨碍胎盘的血液循环，容易导致胎儿发育不良。根据中国营养学会的建议，准妈妈每天摄取盐分不宜超过 5 克，由于大部分盐分的摄取都是从食物中获得，因此不宜吃腌制和加工食物，烹饪时可利用食材本身的味道来减少对盐的需求。除了一日三餐对盐分的摄入，准妈妈也不可忽视零食中的盐分。

忌高糖饮食

本月是妊娠糖尿病的高发时期，准妈妈应避免吃高糖食物，以免引起或加重妊娠糖尿病。如果高糖饮食导致准妈妈患有妊娠糖尿病，胎儿长期处于母体高血糖所致的高胰岛素血症环境中，容易使胎儿躯干过度发育，会增加巨大儿发生的可能性。患有妊娠糖尿病的准妈妈导致胎儿畸形的可能性也更大。糖分摄入过多也容易造成准妈妈肥胖，不利于生产和胎儿的健康。为了控制糖分的摄入，准妈妈可以选择膳食纤维含量高的主食，并且尽量少吃西瓜等糖分高的水果。

本月关键营养素

卵磷脂

卵磷脂是胎儿大脑细胞发育不可缺少的营养素，能够保障大脑细胞膜的健康，也是大脑神经髓鞘的主要物质来源，能够促进胎儿大脑神经系统和脑容积的发育。本月是胎儿脑细胞迅速增殖的阶段，如果准妈妈缺乏卵磷脂，就会导致胎儿机体发育异常。准妈妈每天应补充1500毫克卵磷脂，蛋黄、鱼、谷类、大豆等食物中卵磷脂含量较高。

DHA

胎儿细胞的迅速增殖需要补充DHA，这是一种构成大脑皮层神经膜的重要物质，能维持脑细胞膜的完整性和促进胎儿的大脑发育，准妈妈如果缺乏DHA，还会影响胎儿视网膜的正常发育。进入孕中期后，胎儿的大脑中枢神经元分裂和成熟速度加快，需要大量的DHA。准妈妈每天宜补充200～300毫克DHA，蛋黄、鸡肉、鸭肉、核桃、松子、葵花子、杏仁、花生等食物中都含有丰富的DHA。

B族维生素

B族维生素可以维持胎儿神经系统的正常功能，促进脑部血液循环和智力发育，还有利于神经传导，减轻准妈妈情绪波动的现象，对胎儿情绪发展有一定的好处。各种B族维生素只有摄入均衡才能更好地被利用。孕期缺乏B族维生素，容易造成胎儿出生后喜欢哭闹、不安、烦躁等症状，还会影响准妈妈肠道的蠕动，加重便秘等症状，严重影响胎儿的生长发育。其中，缺乏维生素B_1，容易造成准妈妈疲倦、乏力、心率加速等；维生素B_6对胎儿大脑和神经系统的发育至关重要，这种营养物质的缺乏还是导致准妈妈耐糖量低，引发妊娠糖尿病的重要原因；维生素B_{12}是促进智力发育的重要营养素，准妈妈缺乏会增加胎儿发生畸形的可能性。

食谱推荐

香菇肉末蒸鸭蛋

原料 香菇45克,鸭蛋2个,肉末200克,葱花少许

调料 盐3克,生抽4毫升,食用油适量

做法

1. 洗好的香菇切成条,改切成粒,备用。
2. 取一碗,将鸭蛋打入碗中,搅散,加入盐、温水,搅拌匀,倒入蒸碗中。
3. 用油起锅,放入肉末,炒至变色,加入香菇粒,炒香,放入生抽、盐,调味。
4. 把蛋液放入烧开的蒸锅中,用小火蒸约10分钟至蛋液凝固。
5. 把香菇肉末放在蛋羹上,蒸至熟,取出,放入葱花,浇上熟油即可。

鸡肉炖冬瓜

原料 鸡肉100克,冬瓜250克,姜片、葱段各3克

调料 盐2克

做法

1. 洗净去皮的冬瓜对切开,切成片;处理好的鸡肉切片,切条,再切成小段。
2. 备好的姜片切成丝,再切成末;择洗好的葱段切成末,待用。
3. 锅中注入适量的清水大火烧开,倒入鸡肉,搅拌匀,煮至沸,撇去浮沫,倒入姜末、冬瓜,搅拌片刻。
4. 盖上锅盖,用小火炖10分钟至熟。
5. 掀开锅盖,放入葱末、盐,搅拌调味,将汤盛出,装入碗中即可。

5. 运动胎教

游泳好时机

孕中期，准妈妈的情况相对稳定，是游泳的好时机。

● **游泳的好处**

水的浮力能够减轻身体负担，帮助肌肉放松，减轻关节的负担，促进血液流通，从而缓解或消除孕期常见的腰背痛症状。

游泳可减少胎儿对孕妇直肠的压迫，并促使骨盆内血液回流，消除瘀血现象，有利于预防便秘、下肢浮肿和静脉曲张。

游泳可以增加肺活量，让产妇分娩时能长时间憋气用力，缩短产程，孕妇在水中体位的变化，有利于纠正胎位，促进顺产。

游泳对于减轻妊娠反应，培养良好的孕期心理也有不错的效果。

游泳消耗能量大，准妈妈可以通过游泳来控制增长过快的体重，帮助自己保持健美的体型。

● **游泳的要点**

◆场地的选择。选择一个卫生条件好、人少、没有阳光直射的游泳池，最好是配备有专职医务人员的游泳场所。

◆水温、水质的要求。泳池里的水温最好在30℃左右，水太冷容易使肌肉发生痉挛，水温太高则会使体温升高，影响胎儿健康。孕妇游泳对水质要求较高，游泳池的水必须经过严格消毒，如果某些细菌含量超标，就有可能引发妇科炎症，一旦用药治疗还有可能对胎儿发育造成不良影响。

◆游泳前的准备。下水前要先做热身运动，以防意外发生。入水时千万不可纵身跳水。

◆游泳时间。准妈妈游泳的时间以1小时以内为宜，锻炼时段选择上午10～12点比较好。

◆游泳的姿势。游泳时

动作要稳健和缓，最好选择仰泳，在水中漂浮、轻轻打水等锻炼姿势。不能使用蛙泳姿势。

tips

在游泳之前，要征得医生的同意。凡有流产史、早产史、慢性高血压、心脏病、癫痫或妊娠期并发症的准妈妈都不宜游泳。游泳后如果感到腹部疼痛，发现出血现象，要立即咨询医生。

婴儿式瑜伽，舒缓身心

婴儿式是一个令人身心放松的体式，孕中期的准妈妈都可以做这个体式。

● 运动的益处

经常练习此式能让准妈妈放松神经，消除疲劳，还能提高睡眠质量，治疗失眠。

● 动作要领

准妈妈仰卧，双膝屈于胸前，保持弯曲，向上举起双脚，让小腿与地面垂直。双手握住两脚外侧边缘，两腿膝盖靠近腋窝，尾椎骨贴紧地面。保持这个姿势，以感觉舒适为限度，然后双脚放回地面，双膝弯曲。做停留动作时收紧会阴和肛门，效果更佳。

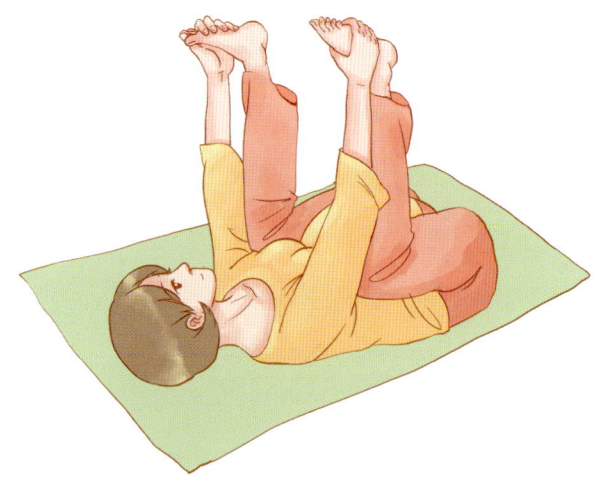

练习直立式瑜伽

直立式是瑜伽站姿练习，这个姿势常用来休息放松，适合初级练习者。

● **直立式瑜伽的益处**

直立式瑜伽能帮助准妈妈稳定身体的重心，保持身体平衡，纠正不良的身体姿态。此体式还能消除紧张和压力感，恢复体力，振作精神。

● **直立式的做法**

双脚打开与肩同宽，双手放在身体两侧，目视前方。身体重量平分在两脚上，练习过程中不要弯曲膝盖，不要咬紧牙齿，舌头保持柔软平放在口腔底部，不要抵住上腭，放松双肩，感受耳垂和肩膀之间的空间感，觉得肩膀非常自然柔和地落在耳垂下方。吸气，手臂经体前向上高举，十指交叉，翻转掌心向上。呼气，以髋部为轴心，双臂引领身体缓慢向前向下运动，当上半身与地面平行时抬头，眼睛看向前面，此时整个身体形成一个直角，保持2～3分钟。吸气，手臂引领身体向上直立。呼气，松开双手，还原身体，放松。重复10次。

tips

为了准妈妈的安全，准妈妈可以靠墙练习，也可以邀请准爸爸一起运动。

用狮子式舒缓子宫压力

孕晚期的子宫压力越来越大,狮子式中的跪坐非常适合舒缓子宫压力。

● 运动益处

准妈妈采用狮子式跪着时,子宫的重量被双腿、双肘和双手均匀地分担,能大大缓解子宫的压力。膝盖分开时,能使胎宝宝在骨盆的扩张中得到最大的空间。

● 运动方法

狮子式跪立,双膝分开,弯曲肘部并放松前臂,将两臂放在地板上,并和膝盖保持在一条直线上。抬起臀部,保持重心平稳,使脊椎、头部在同一条直线上。吸气,向上伸展右臂,眼睛向右手指尖方向看。呼气,右臂轻轻放下,同时尽可能地推动尾骨。还原至狮子式跪姿,反方向继续练习。向后坐在脚后跟上,将双手放松地放在胸前。吸气,在呼气时吐舌头。将眼睛尽量睁得大一些,将舌头用力向外伸。收回舌头,放松,反复练习。头枕在枕头上,双膝分开并放松身体。

tips

练习此动作时,要注意控制面部的表情和髋关节的打开度,腰部下沉不要太低。

6. 语言胎教

● **试着和宝宝说英文**

孕中期的胎宝宝对外界的声音已经具备了记忆的功能,在做语言胎教时,可以尝试着和宝宝说说英文,可能会有意想不到的收获。

在一开始,准父母可以和宝宝讲一些简单的英文语句,同时给宝宝翻译一下,将自己看到、听到的东西简单地告诉胎宝宝,例如:

"This is Mommy."【这是妈妈。】

"It's a nice day."【今天是美好的一天。】

"Let's go to the park!"【我们一起去公园吧!】

"That is a cat."【那是一只猫。】

接下来就可以和胎宝宝说一些长一点的英文语句了,可以描述一件事情,例如:

David(给宝宝起的英文名字,还可以取 Tom、Johnny、Lisa、Mary 等),I am your Mom and I love you so much!【大卫,我是你的妈妈,我非常非常爱你哦!】

David, you are my lovely baby and I will try to give you anything that you like!【大卫,你是我可爱的小宝宝,我将会倾其所有给你想要的东西!】

和宝宝说了一段时间的长短句之后,准父母还可以选择一些优美的英语小短文或者英文诗歌读给宝宝听,例如《Little Star》等。

有的准父母可能英文能力有限或发音不够标准等，和宝宝说英文有些困难，此时可以巧妙借助英文音像制品，在选择时注意尽量使用句型简单、内容健康、重复性高的产品，借助其有趣的内容、清晰的发音、活泼的气氛，同样可以起到良好的胎教效果。

和胎宝宝说了一段时间的英文之后，准爸妈还要注意观察宝宝的反应，检视胎教成果。例如，当和宝宝说英文时，如果宝宝有用脚踢肚子等反应，表示他有学习，这时候不妨试着用英文告诉宝宝别再踢，看看他会不会平静下来。如果英文胎教取得了一定的成果，准妈妈要在日后持续巩固这种成果，方能取得良效。

● 准爸爸多和胎宝宝说说话

有实验发现，胎宝宝特别喜欢听准爸爸低沉、浑厚的讲话声音，而不喜欢高、尖、细的声音，在准爸爸的说话声和歌唱声下，胎儿似乎"陶醉"了，轻轻摇晃起来，表示了他的满意程度。

准爸爸在语言胎教开始实施之后，可以多跟胎宝宝说说话，一定要注意说话的方式应符合胎儿的特点，尽量活泼可爱一些。例如：

小宝宝，你的小手在哪儿？伸出来让爸爸摸一摸吧。

你的小脚丫呢？会不会蹬？蹬一蹬让爸爸瞧瞧吧。

你的脑袋有没有长出头发呀？是又黑又亮的吗？

爸爸今天带妈妈去医院做体检，你要乖乖地在肚子里接受检查哦！

7. 抚摸胎教

● **准爸爸来做抚摸**

每个孩子都喜欢父母的爱抚，即使是胎儿也不例外。自从孕中期开始感受到胎动之后，准妈妈就可以经常做做抚摸胎教了。孕 7 月，我们推荐准爸爸一起来做抚摸。

具体的操作方法

| 让准妈妈平卧在床上或者坐在较为宽大的椅子上，放松身体 |  | 准爸爸先给准妈妈按摩一下双腿或朗读一段优美的诗歌 |  | 当感觉到有胎动时，准爸爸将双手手指放在准妈妈的腹部 |

| 抚摸胎教结束后，要把胎宝宝的反应情况记录下来，总结规律 |  | 一边抚摸，一边和胎宝宝说说话，让抚摸更加充满爱意 |  | 以从上到下、从左到右的顺序轻轻触摸准妈妈的肚皮几分钟 |

准爸爸做抚摸的特殊效果

研究表明，在胎儿期经常受到准爸爸抚摸的孩子，长大后遇事更沉着冷静，反应更机敏，智商也会更高。准爸爸做抚摸胎教还能使自身的身心放松、精神愉快，对稳定情绪、体验胎动很有好处。

抚摸时的注意事项

准爸爸做抚摸胎教宜在安静舒适的环境中进行，保持室内空气新鲜，温度适宜，最好遵循一定的规律，每天做 2 或 3 次，并在固定的时间进行，这样胎宝宝才能心领神会地配合，效果也会更好。抚摸时的顺序除了要注意从上到下、从左到右外，还应注意不要总是采用同一种方向转圈抚摸，否则可能会导致宝宝被引导而脐带绕颈。另外，如果准妈妈情绪不佳，不要进行抚摸胎教。

孕晚期经典胎教——静候小天使降临

　　宝宝马上就要出来跟准爸爸妈妈见面了,在前几个月的胎教中,宝宝已经熟悉了准爸爸妈妈的声音,听了不少故事,做了不少运动,也可能有了自己喜欢的音乐。而在此阶段,宝宝越来越聪明了,在宝宝智力发育的高峰时期,爸爸妈妈的胎教内容也应有所增加,以使宝宝更聪明。

Chapter 4

一、孕8月，爱从指尖的抚摸传递

进入孕晚期，妈妈的身体可能会再次出现诸多不适，觉得辛苦和力不从心。不过，由于这时胎儿已经基本发育完全，所以也正是对宝宝进行胎教的"尖峰时刻"。准妈妈应注意安心静养，调整好情绪，等待宝宝的到来。

1. 妈咪宝贝的变化

● 孕8月妈妈的身体变化

这段时间，准妈妈会感觉自己的肚子变得非常大，变大的子宫不断挤压着胃和心脏，会引起食欲不佳、心悸等症状。身体越发笨重，还会加重准妈妈的疲惫感和水肿症状。所以，这时就不要勉强工作了。

准妈妈29周时 轻轻触摸子宫时，常会感觉到子宫一阵阵发紧，但并不觉得疼痛，这属于正常现象。此时，准妈妈要注意多休息，不要让自己的身体过于疲劳。

准妈妈30周时 体重继续增加，感觉身体沉重，肚子大得看不到脚下，行动越来越吃力。子宫上升到心窝附近，准妈妈常常会有呼吸困难、胃部不适的症状。

准妈妈31周时 呼吸越发困难，常常会觉得喘不上气来。子宫底已上升到横膈膜处，食欲下降，睡眠不好。能感觉到的胎动减少了。

准妈妈32周时 每周体重可能会增加500克，这是正常的，不过要注意合理控制，以免增加太快导致胎儿过大，造成分娩困难。

● 孕8月胎儿的发育状况

8个月的胎儿，身体长得特别快，身体各个器官都已基本发育完全，大脑趋于成熟，听觉能力已具备，视觉也基本发育完全。宝宝的骨骼变得结实，皮肤富有弹性，看起来很像一个新生儿了。不过，本月是早产容易发生的时间段，需重点预防。

胎儿29周时 体重已有1300多克，坐高约26厘米。大脑、肠胃系统、呼吸系统等都接近于成熟，听觉已发育完全，对外界的声音刺激反应更为明显。视觉系统也趋于成熟。

胎儿30周时 体型明显增大，骨骼和关节已经比较发达，接近新生儿的形态。由于胎儿在子宫内占据的空间越来越多，活动空间相应变小了，胎动也少了。男孩的睾丸已经下降到阴囊，女孩的阴蒂已经突出来，不过还没有完全被小阴唇覆盖。

胎儿31周时 肺部和消化系统已基本发育完成。眼睛时开时闭，可以看清楚子宫中的景象，也能看到光线。如果有亮光照进妈妈的腹部，会随着光线转头，甚至会用手触摸光线。

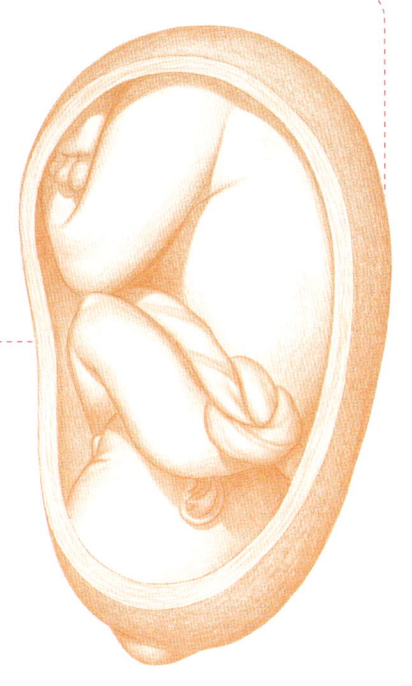

胎儿32周时 皮肤变得比以前透明和粉红，脚趾甲全部长出来了。四肢还在继续生长，体型基本固定，体重每周增长约200克。在妈妈肚子内的活动越来越少，动作幅度也减弱了。

Chapter4 孕晚期经典胎教——静候小天使降临

2. 本月胎教重点

本月胎教是整个孕期的重中之重，实施胎教应重点围绕可对胎儿大脑发育产生良性刺激的行为来进行。

本月，胎儿生长迅速，大脑的发育日趋成熟，是接受信息的关键时期，已经可以通过声音产生记忆，并能感受到外界的情感。简单来说，胎儿已经是一个能听、能看、能懂话、能理解父母的有思想和感情的人了。所以，这个月的胎教应格外重视、好好把握，因为它也可以说是整个孕期胎教的重中之重。

● 一看二听三体会

一看：常看一些传递美好事物的书籍、画册、美术作品、大自然的美景等，将美的感受传递给胎儿；二听：听音乐或是父母唱歌给胎宝宝听都可以，听或唱时，准妈妈还需充分发挥自己的想象力，让腹中的宝宝随着音律"唱"起来；三体会：准妈妈可以将自己在生活中一切对美的体会告诉胎儿，或者是通过欣赏美好的事物，用愉快的心情影响胎儿。

● 培养胎儿的参与意识

现在胎儿已经足够"聪明"了，准爸爸准妈妈在与胎儿做胎教游戏、讲胎教故事，或是欣赏美景时，应有意识地培养胎儿的参与意识，训练和启发胎儿的思维，这对促进胎儿的智力和能力发展都是极为有益的。比如，准妈妈可以在做家务的时候与胎儿交流，告诉他正在进行的是什么工作，对整个家有什么好处，做完心情会变得轻松愉快，等等。

除此之外，本月也应注意安全胎教。孕8月容易发生早产，因此，准妈妈的生活起居一定要多留意，产检也需按时进行。

准爸爸这样做

◎陪准妈妈一起散步，欣赏摄影作品、画展，观看艺术表演，提高艺术修养。
鼓励准妈妈多学习孕育知识，培养多方面的兴趣。
◎生活上多关心准妈妈，保证她的休息和营养，并注意保护好准妈妈的安全。
◎做好家庭自我监护，防止早产。

3. 经典胎教推荐——一起来做光照游戏

光照胎教法是通过对胎宝宝进行光照刺激，训练胎宝宝的视觉功能，并帮助胎宝宝形成昼夜周期节律的胎教法。光照胎教法最好从怀孕中后期开始实施，用手电筒即可，因为此时胎宝宝对光线会有所反应。

● 光照胎教的作用

光照胎教能促进宝宝视觉功能的建立和发育，光能通过视神经刺激大脑视觉中枢。光照胎教成功的宝宝出生后视觉敏锐、协调，专注力、记忆力也比较好。实验证明，适当的光照对宝宝的视网膜以及视神经是有益的。

● 光照胎教何时开始

在胎宝宝的感觉功能中，比起听觉和触觉，视觉功能的发育较晚，在准妈妈怀孕7个月时，宝宝的视网膜具备了一定的感光功能，光照胎教可以在准妈妈怀孕7个月时开始。

● 用手电筒做光照胎教

可以拿手电筒作为光照胎教的工具。手电筒紧贴准妈妈的腹壁，光线透入子宫，羊水因此由暗变红。而红色正是小宝宝比较喜欢的颜色，用手电筒做光照胎教正可谓投其所好。

● 光照胎教怎么做

准妈妈每天定时用手电筒微光紧贴腹壁，反复关闭、开启手电筒。一闪一灭照射宝宝的头部位置，每次持续5分钟。手电筒的光亮度要合适，不要用强光照射，且每次做光照胎教的时间也不宜过长。

● 有规律地进行光照胎教

光照胎教和音乐胎教、运动胎教一样，都是准妈妈自身磨炼性情、提高修养的过程。准爸爸可以和准妈妈一起进行光照胎教，要坚持下去、有规律地去做，才能使胎宝宝领会其中的含义，并积极地做出回应。只进行了一两次光照胎教，胎宝宝没有反应，就认为光照胎教没有作用的想法是错误的。

4. 营养胎教

本月饮食原则

注意饮食卫生

准妈妈在孕晚期尤其要注意饮食的卫生，食物不干净容易引起消化道感染，严重的会导致子宫收缩，引起早产。为了保证胎儿的安全，准妈妈的食物应不含添加剂，新鲜的蔬果食用前一定要仔细清洗，荤菜与素菜不要放在一起处理，以免造成交叉感染，还要忌吃生食，避免感染弓形虫病等。此外，准妈妈还应减少外出就餐的次数，以防餐馆环境或食物不卫生造成感染。

增加主食摄入

从本月开始，胎儿会在肝脏和皮下储存大量的糖原及脂肪，因此准妈妈应适当增加主食的摄入。主食中含有多种营养物质，其中糖类可以防止准妈妈产生酮症酸中毒，准妈妈基础代谢加强，增加主食摄入还能满足准妈妈增加的热能需求。准妈妈应保证每天能摄入400～450克的主食。

少吃易引起胃灼热的食物

准妈妈子宫的增大会对胃部造成挤压感，再加上饮食不当，造成胃酸倒流，容易导致胃灼热的产生。为了预防和减轻症状，准妈妈应避免吃容易产生消化不良的油腻食物，酸性食物和辛辣食物都容易对胃部造成刺激，引起胃灼热，准妈妈都应少吃。准妈妈晚上睡觉前也不要饮过多的水，因为饮水过多会造成胃酸倒流，引起胃灼热。

坚果不宜过量吃

坚果含有十分丰富的营养物质，适量吃对准妈妈和胎儿都有益。但坚果中含油脂较多，过量吃容易引起消化不良，给孕期功能相对减弱的肠胃造成严重负担，还容易导致脂肪堆积，造成肥胖，所以不宜吃太多。一般，准妈妈每天吃坚果不宜超过50克。在选择坚果时，也尽量少吃加工过度的，避免摄入大量盐等调料。

本月关键营养素

蛋白质

孕晚期，需要大量的蛋白质来满足胎儿组织合成和快速生长的需要，如果蛋白质补充不足，容易导致早产、胎儿出生后体弱多病或智力低下等现象发生。孕晚期补充蛋白质还可为分娩储备能量，减少难产发生的可能性，还能促进产后乳汁分泌，并提高母乳的质量，利于胎儿出生后及时补充营养。

铁

孕晚期缺铁容易引发早产、胎儿出生后体重偏轻、胎儿宫内发育迟缓及胎盘供氧不足等情况，还会影响胎儿体内铁的储存。在缺铁环境下孕育的宝宝，即便能够安全出生，也会由于血红蛋白合成能力低下而患上贫血。因此，孕晚期也要继续坚持补铁，特别是对于有贫血症状的准妈妈来说，更应尽量调整，以免不利于分娩。

维生素 K

维生素 K 也是影响胎儿骨骼和肾脏发育的重要营养素。孕晚期如果缺乏维生素 K，可能会造成胎儿出生后患出血性疾病、先天性失明等，严重者甚至可能造成死胎，准妈妈也会出现骨质疏松的现象。胎儿刚出生的时候，无法通过自身合成维生素 K，只能在孕期通过母体获得，所以孕晚期准妈妈补充足够的维生素 K 是非常重要的。准妈妈每天可摄取 100～140 微克维生素 K，瘦肉、蛋黄、奶酪、白菜、菠菜、莴苣、西红柿等食物中含有丰富的维生素 K。

维生素 B_1

维生素 B_1 可以消除准妈妈疲劳感，放松紧张的情绪。如果准妈妈长期缺乏维生素 B_1，就会影响胎儿的新陈代谢，导致胎儿出生后吸吮无力、嗜睡等，还会导致分娩过程中子宫收缩异常，使产程延长，造成分娩困难。维生素 B_1 在体内停留的时间短，需要每天都补充，以 1.5～1.8 毫克为宜，谷类、豆类、蛋类等食物中含量较高。

食谱推荐

西红柿奶酪豆腐

原料 西红柿 200 克,豆腐 80 克,奶酪 35 克

调料 盐少许,食用油适量

做法

1. 洗好的豆腐切成长方块,备用;洗净的西红柿切成小瓣,去皮,切成丁;奶酪切片,再切条形,改切成碎末,备用。
2. 煎锅置于火上,淋入少许食用油烧热,放入豆腐块,用小火煎出香味。
3. 翻转豆腐块,晃动煎锅煎至两面呈金黄色,撒上奶酪碎,倒入西红柿,撒上少许盐,略煎片刻,至食材入味。
4. 关火后将煎好的食材盛出,装入盘中即可。

核桃仁粥

原料 核桃仁 10 克,大米 350 克

做法

1. 将核桃仁切碎,备用。
2. 砂锅中注入适量清水烧热,倒入洗好的大米,拌匀。
3. 盖上盖,用大火煮开后转小火煮 40 分钟至大米熟软。
4. 揭盖,倒入切碎的核桃仁,拌匀,略煮片刻。
5. 关火后盛出煮好的粥,装入碗中。
6. 待稍微放凉后即可食用。

5. 运动胎教

骨盆拉伸运动

孕晚期，准妈妈应该有意识地锻炼骨盆部位，为分娩做准备，骨盆拉伸运动则是一种很好的锻炼盆底肌的运动。

● **骨盆拉伸运动的益处**

骨盆拉伸运动很适合准妈妈练习，一方面两腿放在椅子上的姿势十分有利于防治静脉曲张和去除腿部水肿，另一方面拉伸骨盆的动作能够加强骨盆韧带，还能柔化产道，有利于顺利分娩。

● **骨盆拉伸运动的做法**

坐在椅子上，屈膝。确保脊柱在较舒适的位置上支撑身体，双手自然地放于下腹部，将意识集中在骨盆底肌肉上，收紧然后放松，然后再收紧，反复数次。吸气，利用下背部和腹部肌肉的力量尽可能地收紧盆底肌。呼气，缓慢地放松盆底肌，并延长呼气的时间。再仰卧，头、颈部下方放一个软垫，双腿分开与肩同宽，脚后跟放在椅子上。双手平放在身体两侧，掌心向下。放松身体，保持2或3次自然呼吸，让心态平和下来。吸气，将后背慢慢拉回地板，腹部向外膨胀，骨盆底向内向上拉。呼气，拱起腰背部，腹部收缩，拉伸骨盆。保持均匀地呼吸，然后还原至初始姿势即可。

喷泉式缓解水肿

喷泉式瑜伽借助墙面运动,活动量不大,特别利于准妈妈放松身体。

● **喷泉式的益处**

孕晚期,由于准妈妈激素分泌量增加,体内吸收更多的水分,容易导致水肿。练习喷泉式时下肢的上举可以促进下肢血液循环,缓解水肿。上半身平躺有利于缓解腰背部的压力,减轻内脏压迫,给予宝宝更大的空间。

● **喷泉式的做法**

长坐,双腿伸直并拢,右手撑于抱枕上。身体向后侧靠,右手支撑身体,双腿向墙面旋转。头枕在抱枕上,双腿靠墙向上伸直,臀部尽量靠墙,保持3次呼吸。屈膝,双脚压在墙面上,抬起臀部,可以在臀部下方塞入枕头,使臀部靠墙,保持2次呼吸。放低臀部,双腿靠墙向上伸直,手臂放在身体两侧,放松身体,保持3~5次呼吸。屈膝,身体向右侧慢慢转动。双手支撑身体,回到初始坐姿,放松。准妈妈把腿放下的时候动作要轻柔、缓慢,双手支撑住,再慢慢起身坐起。

tips

此时期的准妈妈做喷泉式瑜伽时一定要借助墙壁,不可将腿部悬空。另外,运动的时候不要让腰部离开支撑面,以免加重腰部的负担,不利于缓解孕晚期的腰脊部疼痛。

腿部运动防止静脉曲张

孕8月，胎儿体重日益增加，为了能轻松行走，准妈妈需要让自己的腿部及关节变得柔韧有力。同时妊娠后期孕妇腿部容易浮肿，有的孕妇还可能出现静脉曲张，这套孕妇腿部运动，可以帮你解决以上困扰。

● **腿部运动的益处**

腿部运动能很好地活动下肢关节，让腿部及关节变得柔韧有力。同时通过运动，还能增强下肢血液循环，缓解水肿，预防静脉曲张。

● **腿部运动的方法**

1 对墙站立

双脚分开与肩同宽，离墙一步站立，保持膝盖放松，拉长脊柱，身体略向前倾，双手轻放在墙上。

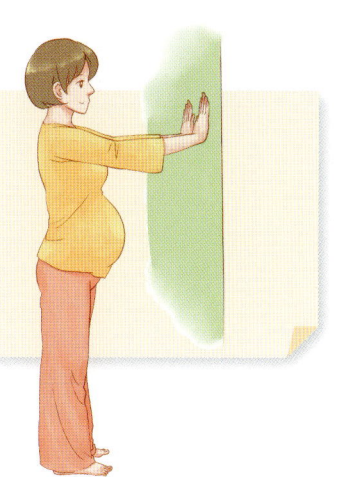

2 踮脚尖

眼睛看向前方，脚趾朝前，体重均匀分布于双脚，慢慢踮起脚尖。注意使身体重心向前落在前脚掌上。双肩放松，挺胸，拉长脊柱，收腹。持续片刻，然后缓慢下降，将脚跟轻轻着地，重复做8次，每天做2组。

Chapter4　孕晚期经典胎教——静候小天使降临

屈腿运动

双脚分立与髋部同宽，离墙一步。略向前倾，双手在肩高处放在墙上。左腿向后伸出，挺直。上身前倾，抬左腿，左脚上翘。肩部放松，身体正对墙壁，收紧骨盆，收腹，保证髋部在脚的上方。然后缓慢伸直膝盖，保持3秒，还原。换另一侧重复。每侧腿练习8次，每天练习2组。

跪立屈膝

四肢着地，两臂置于肩下，膝盖在髋部下方。保持头和脊柱成直线，抬起左腿屈膝，脚尖勾回，然后放下，换右腿重复。每侧腿练习8次，每天练习2组。

tips

站姿运动时保持身体前倾，不要把腿抬得太高，以免引起下腹部紧张。跪姿运动时不要让背部过度弯曲。如果觉得恶心或胃部、腹部不适，就取消该运动的练习。

6. 安全胎教

● 警惕阴道出血

准妈妈如果孕晚期出现阴道出血的情况，可能会导致胎儿无法正常娩出。孕妈妈孕晚期出血一般是以下原因引起的：

胎儿不断增大，盆腔内静脉受压，阴道静脉回流受阻，过度曲张而引起破裂出血。

准妈妈抵抗力相对较弱，护理不当容易导致细菌入侵，患上宫颈糜烂，从而引发阴道少量出血，一般与白带同时排出。

如果孕晚期出现持续性阴道出血，且多为无痛性，有可能是宫颈癌合并妊娠引起的，这种情况一般很少发生，但也需要引起注意。

前置胎盘也是孕晚期阴道出血的主要原因之一，是孕期一种严重的并发症。正常情况下，胎盘附着在子宫内的后壁、前壁或侧壁，如果胎盘附着于子宫下段，甚至胎盘下缘达到或覆盖宫颈内口，其位置低于胎先露部，就为前置胎盘。如果出血不严重，经过调养后不会影响顺利分娩，情况严重的需要进行剖腹产。

孕晚期如果正常位置的胎盘在胎儿娩出前，部分或全部从子宫壁剥离，称为胎盘早剥。这种情况一般会伴随有阴道出血，并有明显的腹痛，是严重并发症，若处理不及时，可能会危及准妈妈和胎儿的生命安全。

准妈妈患有妊娠高血压综合征、腹部受到撞击等情况也容易出现阴道出血。

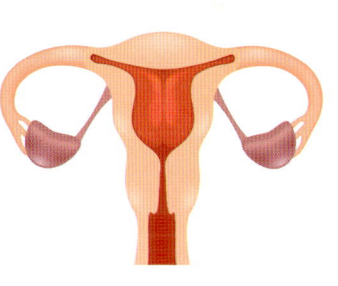

导致阴道出血的原因有很多，进入孕晚期后准妈妈一定要加强生活护理和保健，避免挤压腹部，注意孕期的生理卫生。出现阴道出血的情况后，应立即到医院检查，如果情况严重，可能需要将胎儿提前产出。

● 胎动减少要注意

胎动正常与否是判断胎儿在宫内健康与否的重要标准，如果胎儿出现宫内缺氧或身体有其他不舒服的情况，就会通过胎动减少的信号传递给准妈妈。为此，准妈妈应养成密切关注胎动情况的好习惯，尤其到了孕晚期，最好每天计数胎动，以了解胎儿在宫内的情况。

进入孕晚期后，胎儿的胎动开始呈现出规律性，正常情况下，平均每小时胎动会超过3次，12小时内胎动不少于10次。如果发现胎儿的胎动减少，一定要及时到医院进行诊治，以免宝宝出现宫内缺氧、脐带绕颈或打结等情况。此外，胎儿也需要充足的睡眠来消除疲劳，这时胎动可能会消失一段时间，准妈妈可以通过观察胎儿的作息时间来判断胎动消失时胎儿是否在睡觉，胎儿的睡眠周期一般为20～40分钟，睡眠时间过后应继续监测，如果依然没有胎动要立即就医。如果胎动消失12～24小时，胎心也消失，很有可能胎儿出现了宫内死亡。另外，准妈妈发热时体温持续过高，超过38℃，会使胎盘、子宫的血流量减少，胎儿的胎动也会减少，因此准妈妈要注意预防感冒。

● **时刻观察子宫增长**

子宫的增长与胎儿的生长速度、羊水情况有着密切的关系，因为子宫会随着胎儿的生长而不断增大。怀孕28周后，孕期体重的增长以胎儿的体重增加为主，如果准妈妈的子宫高度未达到应有的标准，就有可能使胎儿生长受限。一般直到怀孕36周后，由于胎儿先露部位下降或入盆，子宫底高度才会有所降低。子宫停止增大后，准妈妈应及时到医院去进行宫底高度测量和B超检查，确定胎儿是否出现生长受限、羊水过多或过少等情况。为了防止出现子宫增长过慢的情况出现，准妈妈应积极做好预防措施。平时应保持放松的心情，加强营养补充，合理搭配饮食，适当进行活动，锻炼身体，但要注意充分休息，不可劳累，为胎儿的生长提供足够的营养和良好的环境。患有疾病的准妈妈要定期去医院检查，并根据医生的指导进行治疗和护理，确保胎儿在最后的几个月能发育完好。

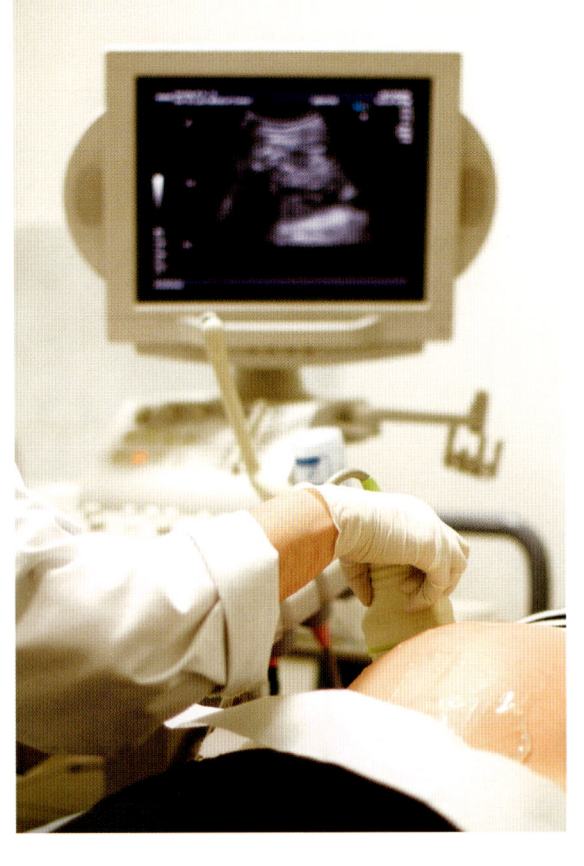

7. 抚摸胎教

● 帮宝宝"做体操"

抚摸胎教是一种简单有效的胎教运动，帮宝宝"做体操"是抚摸胎教的一种常见的表现形式。

胎儿的皮肤和皮肤感觉发育比较早，孕8月经常进行抚摸胎教，可以使胎儿在子宫内感受到外界触觉的刺激，一方面能提高胎儿对刺激的敏感性，激发胎儿对运动的积极性，增加其在子宫内的活动，胎儿经常被准妈妈抚摸的部位在出生后也会非常敏感；另一方面，抚摸胎教在促进胎儿运动功能发育的同时，还可以促进母子之间的感情交流，并能促进胎儿大脑的发育，使宝宝出生后更聪明。此外，在孕晚期，能通过抚摸胎教判断胎儿各部位大致的位置和胎位是否正常，以便当胎位不正时可以及时采取措施进行调整，降低分娩的危险性。

准妈妈在帮宝宝"做体操"之前，应排空小便，然后仰卧在床上或坐在宽大舒适的椅子上，全身放松，将双手轻放于腹部，先轻轻呼唤胎儿的名字，并在旁边播放轻松的音乐，从上到下、从左到右轻轻反复抚摸胎儿的四肢，帮助他温柔地舒展身体，并密切关注胎儿的反应。如果宝宝会随着妈妈的抚摸做出轻微的蠕动等，提示准妈妈可以继续进行抚摸胎教；反之，如果胎儿用力挣扎或者蹬腿，就说明他不喜欢"做体操"，准妈妈应马上停止抚摸，切不可勉强宝宝。

抚摸胎教的时间以5～10分钟为宜，早晚可各进行一次，宜选择在胎儿精神状态良好时进行，如傍晚胎动频繁时。

准妈妈还可以将抚摸胎教与其他胎教，如音乐胎教、语言胎教等一起进行，多种胎教方式有效结合能促进胎儿神经系统的发育，让胎儿拥有良好的性格，出生后的发育也会更健康。

二、孕9月，再坚持一下下

进入孕9月，肚子里的胎儿已经基本发育完全，而且变得非常聪明了，准爸妈在进行胎教时若仔细观察，就会发现胎宝宝还会有所回应呢！胎儿与父母互动性的加强，也方便了胎教工作的顺利进行，胎教的效果也更好。

1. 妈咪宝贝的变化

● 孕9月妈妈的身体变化

准妈妈的腹部变得更大了，压迫着心脏、肺等器官，引起心悸、气喘、胃胀、尿频等症状。由于面临分娩，准妈妈的心情也会变得较为复杂，既激动又担心，会患得患失、烦躁不安。这是正常的，家人应及时开解，让准妈妈保持一个好心情。

准妈妈33周时 由于胎头下降，会时常感觉尿意频繁，骨盆和耻骨联合处酸疼不适，腰痛加重。不规则宫缩的次数增多，腹部经常阵发性地变硬变紧。外阴变得柔软而肿胀。

准妈妈34周时 脚、脸、手等部位肿得更厉害了，这时一定不要限制水分的摄入。初产妇的胎儿头部大多已降入骨盆，紧压住子宫颈口，经产妇的胎儿入盆时间则要晚一些。

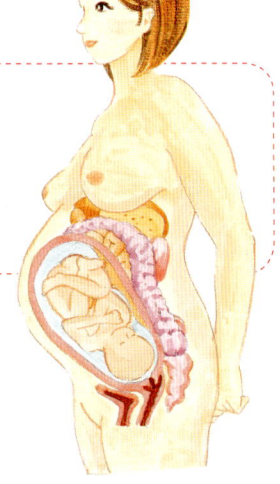

准妈妈35周时 腰坠腹痛，骨盆后部附近的肌肉和韧带变得麻木，甚至有一种牵拉式的疼痛，使行动变得更为艰难。

准妈妈36周时 体重增长达到最高峰，肚子相当沉重，大得连肚脐都突出来了。起居坐卧都相当费力，此时准妈妈上下楼时一定要注意安全。

● 孕9月胎儿的发育状况

本月，胎儿基本发育完全，只有部分器官还在继续完善。胎儿的头部将朝下，并逐渐下沉，形成准备出生的状态。身体也变得越来越丰满，如果胎儿在本月末前后出生，那么就是足月儿了，一切生命体征都会良好发育。

胎儿33周时 呼吸系统和消化系统已经接近成熟，骨头也在逐渐变硬。头发更加浓密了，指甲也已经长到指尖，皮肤不再那么皱，看上去平滑了很多。此时，宝宝的胎位差不多要固定了，他将逐渐头朝下，形成头位，为顺利出生做准备。

胎儿34周时 脂肪层开始变厚，看上去越来越丰满，已经十分接近新生儿。指甲仍在生长，肺部差不多已经成熟。此时即使出生，大多数胎儿也能够顺利存活而不会出现早产儿的一些病症。

胎儿35周时 已经基本发育完全，不过体重还会继续增长。看上去已经是圆圆胖胖的样子了，非常可爱。肾脏已经发育完全，肝脏也具有新陈代谢的功能。能够听到外面的声音，对妈妈的声音尤其敏感。

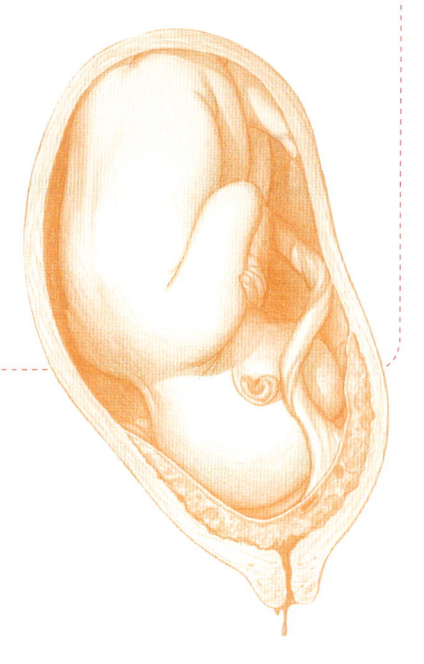

胎儿36周时 覆盖在身上的绒毛和保护皮肤的胎脂开始逐渐脱落，胎儿会将这些脱落物以及羊水中的其他分泌物吞咽下去，最终形成胎粪，待出生后排出。

2. 本月胎教重点

本月胎儿对外界事物的感知度更高,准爸妈要多和宝宝交流,传递给胎儿温暖的感觉和对美好生活的期待。

孕9月,胎儿进一步成长,听力已经逐渐健全,大脑也在逐渐完善,对外界事物的认知和感知度都变得更高。准爸妈在做胎教时,宝宝甚至还会有所回应。所以,本月,胎教工作非常重要,应重点关注与胎儿的互动,随时观察胎儿的反应。同时,胎教内容可以适当加深一点难度,比如讲故事的长度和思想深度,还可以带胎儿欣赏一下名画,培养胎儿的艺术气质。

● **重视与胎儿的互动**

此时,胎儿已经形成了自己的生物钟,他会在每天固定的时间里让妈妈感受到胎动,这是准妈妈与胎儿交流的良好时机。比如,每天都固定时间在胎动时给胎儿听音乐,胎儿听到音乐就不再活动,安静地欣赏音乐,而当音乐一结束,胎儿又会开始活动起来。如果是动作轻柔地抚摸胎儿,胎儿就会感知到,并且做出轻轻的蠕动等动作来回应。你可以边播放音乐边抚摸胎儿,也可以边抚摸胎儿边和他讲故事,抚摸与数胎动及语言胎教等结合在一起进行,这样可以收到更好的效果。

● **避免情绪大起大落**

越临近生产,准妈妈的心情越复杂。需知道,这时,孕妇情绪经常大起大落会对胎儿造成一定的不良影响,导致胎儿大脑发育障碍,孩子出生后的性格也容易受到影响。因此,准妈妈一定要学会控制和调节自己的情绪,多做一些可以让自己平静或开心的事情。

准爸爸这样做

◎坚持每天给准妈妈做按摩,使她感到放松。

◎当准妈妈过分热衷做胎教时,应适时制止,为准妈妈把握好时间,并随时提醒观察胎儿的反应。

◎准备宝宝出生后的用品和衣物,按照准妈妈的意愿布置好新生宝宝的房间。

3. 经典胎教推荐——图像卡片胎教法

图像卡片胎教法是适合孕晚期准妈妈们做的一种胎教法。但是这个胎教法中所需要用到的卡片，在孕早期和孕中期就可以开始准备了。

孕晚期的时候胎儿就开始有情绪反应了。会有微笑、皱眉、哭泣的表情，准妈妈可通过深刻的视觉印象将卡片上描绘的图像、形状与颜色传递给胎儿。

制作卡片的纸以浅色为宜，比如淡黄、淡蓝、粉色、纯白色等，大小约为12厘米的正方形即可，不可太大。写字的笔为彩色笔，也可以选用深色的或者黑色的笔，这样写上去的字显得清晰，有助于准妈妈在胎教过程中强化意念，集中注意力，并促进准妈妈获得明确的视觉感。

卡片上的内容主要为：数字、拼音、大小写的英文字母、汉字。还可以加入一些图片辅助教学，如风景画等。教宝宝学习卡片上的内容时，可以模拟老师教幼儿园小朋友的场景，一张卡片不妨多教几遍，还可以说一点开场白，唤醒胎儿，让他更好地进入学习的状态。比如，卡片上的内容是英文字母"A"时，准妈妈可以这样说："亲爱的宝宝，今天我们来学习英文字母。学好了英文，以后就可以走出去看看这个美丽的大千世界。宝宝你看，这个长得像一个宝塔的字母就是英文中的第一个字母，它读作'A'。"同时拿起写着字母"A"的卡片展示给宝宝看。

tips

做胎教时，准妈妈应该保持轻松愉悦的心情，集中注意力与胎儿对话，这主要是为了使母亲的感觉和思考的内容与胎儿吻合，使胎教更有效果。每次胎教开始前，准妈妈可以先把呼吸调整得深沉而平静，然后再把要教的内容在头脑中描绘出来。

4. 营养胎教

本月饮食原则

📢 适当吃可调节情绪的食物

孕晚期分娩的压力会使准妈妈情绪波动较大，如果不能及时调整，容易对胎儿造成伤害，还容易使准妈妈患上产前抑郁。准妈妈可以选择一些有助于安抚情绪的食物，改善不良情绪，将好心情传递给胎儿。比如，全麦面包、燕麦片、南瓜等富含 B 族维生素的食物可提高准妈妈体内的抗抑郁激素水平，能有效改善情绪，豆类、香蕉、菠菜等食物也能预防产前抑郁。

📢 适当吃补益膳食

准妈妈需要为分娩储蓄能量了，应该适当补充一些具有补益作用的膳食，增加体力，以良好的身体状态迎接分娩，减轻分娩的痛苦。这时补充营养膳食有助于准妈妈储蓄蛋白质等营养物质，也能为产后哺乳做准备，但也不要大补，以免起到相反的作用。

📢 炒菜可用铁锅

孕晚期缺铁性贫血较为常见，这就需要为准妈妈和胎儿提供足够的铁，因此为准妈妈制作食物时宜使用铁锅。这种材质的炒锅化学物质含量少，炒菜时铁质还会溶出，接触到食物中的酸性物质之后就会发生化学反应变成铁离子，从而增加食物中的铁含量。

📢 忌吃易导致早产的食物

孕晚期饮食不当易引发早产，准妈妈应该避开容易引起早产的食物。烹饪时忌用茴香、花椒、桂皮、辣椒等易产生燥热的调料；喜食酸性食物的准妈妈不要吃山楂，以免加速子宫收缩，导致早产；忌吃薏仁、马齿苋等有润滑作用的食物，以免对子宫造成刺激，引起兴奋，使子宫收缩频繁；杏仁也会引起滑胎，忌食用；黑木耳、木瓜等食物在孕晚期也要少吃，因为黑木耳有活血化瘀的作用，木瓜会干扰准妈妈体内的激素，都不利于胎儿的稳定。

本月关键营养素

硒

硒在人体内含量极少,但孕晚期应适当补充硒,因为缺硒可以影响母亲体内甲状腺激素的代谢,并引起胎儿遗传基因的突变,导致胎儿先天愚型等危害。如果孕期硒摄入不足,胎儿出生后尤其是早产儿发生溶血性贫血的可能性高。孕晚期还是妊娠高血压综合征容易发生的时期,补充硒可以有效预防该病的发生。准妈妈每天宜摄取50微克硒,动物肝脏、蛋类、大米、谷类、菌类等食物可以为准妈妈提供硒。

钙

孕晚期,胎儿骨组织的生成和发育及准妈妈新陈代谢需要大量的钙,而且这个阶段,胎儿骨骼和牙齿的钙化会加速,是发育完善的时候,需要从母体中吸收大量钙。胎儿体内一半以上的钙都是在孕期的最后两个月储存的。如果这个月准妈妈钙摄入不足,胎儿就会动用母体骨骼中的钙,有使准妈妈发生软骨病的危险,还会增加胎儿出生后患颅骨软化等疾病的危险。

铜

准妈妈和胎儿很容易缺铜,而胎儿的肝是含铜量极高的器官,需要吸收一定量的铜。孕晚期是胎儿吸收铜最多的时期,这段时期无法摄入足够的铜,就会使胎膜的韧性和弹性降低,容易造成胎膜早破,从而引发早产。准妈妈每天应保证摄入2毫克铜,不可过多,以免准妈妈体内铜含量过高,引起胎儿大脑和眼睛发育缺陷。

维生素C

维生素C能够预防坏血病,在胎儿骨骼和牙齿发育的最后阶段要继续补充,有缺铁性贫血的准妈妈也要适当补充,以促进铁的吸收。怀孕过程中母体血液中的维生素C含量会逐渐下降,到分娩时仅为孕早期的一半,如果孕晚期缺乏维生素C,容易造成胎儿大脑发育不良,还会使准妈妈产后容易患病。

食谱推荐

南瓜焖虾

原料 南瓜 250 克，虾 100 克，芦笋 15 克

调料 盐 3 克，水淀粉 5 毫升，食用油适量

做法

1. 洗净的南瓜切块。
2. 往沸水锅中倒入芦笋，焯至断生，捞出，放入盘中待用。
3. 继续倒入南瓜，焯至断生，捞出，沥干水待用。
4. 热锅注油，倒入虾、南瓜，炒匀，注入 200 毫升的清水，加盖，焖煮 5 分钟。
5. 揭盖，加入盐、水淀粉，勾芡收汁。
6. 关火，将焖煮好的食材盛入碗中，铺上芦笋即可。

冬菇玉米须汤

原料 水发冬菇 75 克，鸡肉块 150 克，玉米须 30 克，玉米 115 克，去皮胡萝卜 95 克，姜片少许

调料 盐 2 克

做法

1. 洗净去皮的胡萝卜切滚刀块，洗好的玉米切段，洗净的冬菇切去柄部。
2. 锅中注水烧开，倒入鸡块，余片刻，捞出，沥干水分，装入盘中备用。
3. 砂锅中注水烧开，倒入鸡块、玉米段、胡萝卜块、冬菇、姜片、玉米须，拌匀。
4. 加盖，大火煮开后转小火煮 2 小时至熟；揭盖，加入盐，稍稍搅拌至入味，盛出煮好的汤，装入碗中即可。

5. 运动胎教

猫伸展式瑜伽

猫伸展式可以将身体变得像猫一样柔软，能增加颈、肩、脊柱的柔韧性。

● **猫伸展式瑜伽的益处**

猫伸展式不仅有利于血液循环，还可以预防和减轻便秘、腰痛、消化不良等孕期症状，增强副交感神经功能，提升全身功能，同时还能矫正妊娠期间的子宫位置，为胎儿活动提供良好的环境。

● **猫伸展式瑜伽的做法**

跪在瑜伽垫上，呈爬行姿势，两脚可分开与肩同宽，大腿垂直于地面，两臂与肩同宽，垂直于地面，脚背绷直放于地面，手指大大张开撑在地面上，中指向前，背部保持与地面平直，大臂外旋使肩部打开，手肘处要有适当弹性。吸气，随着吸气，背部慢慢向下，臀部自然向上翘起，胸部向上提升，头部随着脊柱的弯曲慢慢抬起，脖子拉长，不要耸肩，眼睛看向斜上方，随着吸气向下弯成弧形，手臂与大腿仍垂直于地面，动作随着吸气做到最大。呼气，随着呼气先慢慢将背部收回，再继续向上拱起，腹部慢慢收紧，脊柱形成一个拱形，头部随着呼气和背部的拱起慢慢向下，眼睛看向大腿处，大腿和手臂仍然垂直于地面，随着呼气，背部拱到最高处。随着呼吸重复上面两组动作，要让呼吸引领动作，做到流畅自然，不要屏气，重复3或4次。

助生产的下蹲式

下蹲式可以锻炼骨盆肌肉的收缩和放松能力，有助于保持骨盆的正常功能。

● 下蹲式的益处

在孕晚期，胎儿下沉，头进入妈妈的骨盆内，使骨盆受压迫，瘀血更加严重，直肠功能受损，容易便秘。常做下蹲式，有助于刺激大肠运动缓解便秘。下蹲式还有助于调整骨盆，使骨盆保持正常的功能，同时可以减轻腰痛，锻炼臀部、背部和括约肌等骨盆下面的肌肉，帮助准妈妈分娩。

● 下蹲式的做法

两脚分开站立，与肩同宽，两手放在身体两侧，脚跟不要离地。两手在胸前合十。呼气，缓慢地蹲下，感觉好像要把臀部放在两腿之间。在心中默数3下，吸气，慢慢地提起臀部，站起身。在站姿下放松。每周可做3组下蹲动作，每组动作按准妈妈个人情况做50～100次。

tips

做下蹲运动时旁边最好有人陪同，以防意外的发生。胎位不正的准妈妈不要练习下蹲式，以防加大生产难度。胎盘低置的孕妇不要下蹲，以免引起子宫颈自然张开，增加胎盘剥离的危险。如果孕妇在做下蹲运动时感觉疼痛，那么应先去做检查，以判断此时是否适合做该运动。

简易跪坐伸展式

简易跪坐伸展式不仅是瑜伽放松体式,也是一种助产方式。

● **运动益处**

简易跪坐伸展式能协调全身的肌肉,提高身体的平衡性。准妈妈经常练习此体式还能伸展骨盆肌肉,增加盆腔围度,预防孕后期盆骨扩张疼痛。

● **运动方法**

跪坐,左腿屈膝放在小腹下,右腿向后伸展,左手抬起,右手伸直撑于体前的地板上,感受从右脚趾到左手指的伸展。保持4次深长的呼吸,还原,反方向继续练习。跪坐,双手放于身前,左腿向后伸直,脚尖向后,让臀部放落,保持深长的呼吸,然后放松。左脚朝外转动,保持头、颈、脊柱在一条直线上。保持4次深长的呼吸,还原,反方向继续练习。在练习时,双膝不要开得过宽,否则不利于分娩。手臂要伸直,以保持脊柱正直。

坐角式放松

坐角式是瑜伽体式中的一项舒展术,临产前准妈妈可以用此体式放松。

● 坐角式的益处

准妈妈做坐角式,可舒缓骨盆和臀部,促进骨盆区域的血液循环,使其保持健康,有利于分娩。准妈妈经常练习坐角式,还能伸展大腿后侧、内侧的韧带和肌肉。

● 坐角式的做法

长坐,双腿向前伸展,勾起脚尖。两手在背后支撑,双腿依次缓慢地向外打开,尽量向身体的外侧伸展,以感觉舒适为限。双手伸直放在身体前侧,吸气,抬头,眼睛尽量向上看,保持脊柱挺直,脚尖绷直。再次吸气,颈部充分放松,胸部向前推。运动过程中要始终保持脊椎的平直,两腿打开的大小以自己感觉舒适为度。如果准妈妈向外打开时难以稳住身体,可以借助凳子,头靠在抱枕上,双手放于抱枕上,保持自然呼吸。

tips

孕妇双腿向外打开时要量力而为,不能为了达到更好的扩盆效果而忍受疼痛,避免刺激子宫发生强烈宫缩。在整个运动过程中要始终保持脊椎的平直。

6. 情绪胎教

● 妈妈笑一笑，宝贝更健康

"笑一笑十年少"，爱笑的准妈妈不仅可以保持年轻的状态和良好的心态，还能将这种情绪传递给胎儿。尽管准妈妈和胎儿之间没有直接的神经联系，但是当准妈妈经常微笑，拥有愉悦的情绪时，就会使大脑皮层兴奋，进而通过胎盘的血液循环影响胎儿的情感、性格发育。

孕晚期，准妈妈的身体负担更加沉重，分娩的日期越来越近，不免有些紧张的情绪，所以准妈妈一定要进行自我调节，经常笑一笑，将烦恼暂时放一旁。平时休息时，可以多想一些让人开心的事，这样会让准妈妈自然微笑。情绪低落时，也可吃些坚果调节情绪。在进行其他胎教时，也要避免不良的情绪影响胎教效果。不管进行什么胎教，都应该放松情绪，让注意力集中，全身放松，

以保证胎教的效果。经常保持微笑不仅可以调节情绪，预防产前抑郁，还能让准妈妈在胎教时始终带着良好的情绪，让胎儿感受到这种乐观积极的心态。此外，经常微笑的准妈妈还可使胎儿感受到更多的爱，让即将出生的胎儿感觉他的出生是非常受欢迎的。

● 准爸爸也要经常微笑

怀孕期间，不仅准妈妈要经常笑一笑，准爸爸也要常常微笑，因为准爸爸的情绪对准妈妈影响非常大。准妈妈的精神压力需要准爸爸来分担，准爸爸快乐的情绪会让准妈妈感到放松，减少对分娩的恐惧，在心理上得到安慰。如果准爸爸情绪好，经常用风趣的语言以及幽默的笑话逗准妈妈开心，让整个家庭氛围变得温馨而快乐，这种情绪也会传递给胎儿，让胎宝宝也感受到快乐，对胎儿性格的发育十分有益。

7. 音乐胎教

● **学唱音符**

孕晚期，胎儿的听力发育已趋于完善，此时进行音乐胎教可以刺激胎儿的大脑，构成音乐记忆，使胎儿出生后更有音乐天赋，这个时期也是进行音乐胎教不可错过的关键阶段之一。在孕期的前几个月，准爸爸妈妈已经为胎儿进行了不少的音乐胎教，这个月，除了之前的乐曲、儿歌外，可以继续增加难度，教胎儿唱音符就是不错的选择。

● **教音符歌的方法**

教胎儿学唱音符时，准爸爸妈妈应先保持室内安静，然后轻声唱"1、2、3、4、5、6、7、1"，唱完后将音符反过来唱，这样多次重复唱，每唱完一个音符后应停顿几秒，给胎儿学唱的时间。准爸爸妈妈可以轮流教胎儿唱，这样可以增加胎儿对父母声音的记忆，准妈妈轻柔的声音和准爸爸带有磁性的嗓音还可以让胎儿感受不同声音的魅力。教唱时，准妈妈可以充分发挥想象力，将每个音符都想象成不同的形状或符号，在音乐声中还可以锻炼胎儿的动脑能力。每天可以教唱1或2次，每次3~5分钟，准爸爸妈妈可根据胎儿的作息时间，在胎儿清醒时教唱，每天在固定的时间教唱，能保证胎教的质量。

● **音符儿歌推荐**

教唱音符歌时，准妈妈可将每个音符在五线谱中的大致形状，用语言文字的形式表达出来，在唱歌的同时还可加深胎儿对每个音符的记忆。准妈妈可按以下歌词教唱：

全音符是一个圈，

二分音符加符杆，

四分音符黑了头，

八分音符加符尾，

还有十六分音符，

符杆上面两条尾。

三、孕 10 月，终于等到你

胎宝宝已经做好了降临人世的准备，而准妈妈此时最重要的就是要充分休息，迎接随时可能来临的分娩。由于此时胎儿已基本发育完全，所以各种胎教方法对胎儿都可以使用。准妈妈需重点调整好自己的情绪，巩固胎教效果。

1. 妈咪宝贝的变化

● 孕 10 月妈妈的身体变化

当妊娠进入第 10 个月，就意味着准妈妈可能随时面临分娩，与宝宝见面了。这时候，准妈妈可能会感觉到下肢肿胀越来越明显，盆骨和耻骨联合处因准备分娩而常常出现疼痛，心情也会因为宝宝的即将到来而感到兴奋、激动或是焦虑、害怕。

准妈妈 37 周时 由于子宫底的位置逐渐下降，会感觉呼吸顺畅多了，食欲也有所好转，但行动却日益艰难。尿意频繁，阴道分泌物也更多了，要注意保持身体清洁。

准妈妈 38 周时 因为随时可能会来临的分娩，可能会感觉到既紧张又焦急，既盼望宝宝早日降生，又害怕分娩的痛苦。此时，准妈妈应当适当活动，充分休息。

准妈妈 39 周时 几乎所有的准妈妈都会感觉到有些紧张和不安了，但是能做的也只是通过各种方式熟悉产程，做好充分的思想准备和身体准备。

准妈妈 40 周时 大多数胎儿都会在这一周诞生，不过提前或推迟两周也是正常的，不必过于焦急。一旦出现临产征兆，应该马上去医院。

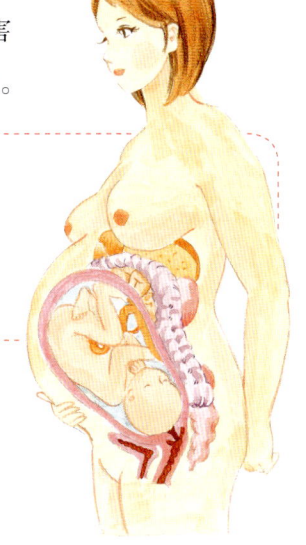

● 孕10月胎儿的发育状况

胎儿的身体各器官已发育完成,个头也足够大了,随时都可以出生。尽管待在妈妈的子宫里很舒服,但宝宝不能一直待在里面。为了宝宝的健康,若超过预产期2周还没有出生,就需要在医生的建议下采取催产等措施,尽快生出宝宝。

胎儿37周时 身长48厘米左右,重约3000克,几乎占满了整个子宫空间,所以活动频率也下降了。胎儿在母腹中的位置不断下降,部分胎毛已经褪去,其余的出生后才会脱落。

胎儿38周时 身长50厘米左右,重约3200克,是个大宝宝了,随时都可以出生。大部分胎儿这时候应该是长了头发的,一般有1~3厘米长。如果还没有出生,胎儿会在妈妈的肚子里继续生长,储备着脂肪。

胎儿39周时 体重有3200~3400克,甚至更重,而且男孩会比女孩略重一些。小家伙的身体器官已发育完成,肺是最后一个成熟的器官,要在出生后的几小时内才能建立起正常的呼吸模式。

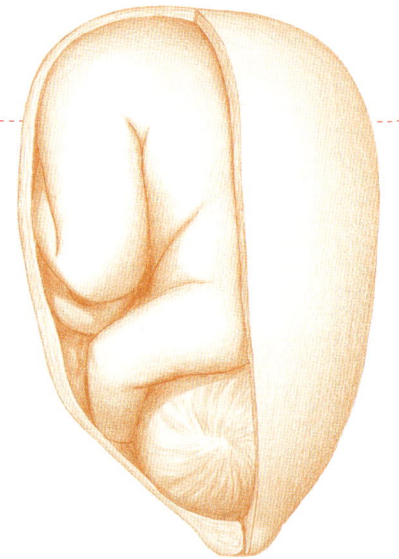

胎儿40周时 身长约52厘米,重3200~3500克。皮肤变得柔软光滑,大部分胎脂脱落,胎毛几乎完全脱落,胎便会在出生后24小时内排出。

2. 本月胎教重点

在分娩之前也应继续进行胎教，各种胎教方法都可以。不过准妈妈一定要保持良好的情绪，这样胎教效果才好。

胎教的方法有很多，但自始至终坚持下来并不是一件容易的事情。为自己的孩子付出爱、时间和耐心，相信准爸妈们都觉得是值得的。那么，在妊娠最后一个月，也请不要因为宝宝的即将出生而放弃胎教训练，因为此时是巩固胎教成果的良好时机。

● **坚持各种胎教训练**

前期进行的各种胎教训练，对胎儿形成了各种有益的刺激，胎儿已经形成了条件反射，为了巩固这种条件反射，在妊娠后期也应坚持进行胎教训练。而且，由于宝宝大脑的功能渐渐地发达起来，所以现在可以对他进行任何一种胎教。这就要求准妈妈综合、灵活地运用各种胎教技巧，为宝宝选择合适的胎教方式。比如，原来采用过音乐胎教，在最后一个月也要坚持陪胎儿听音乐，在乐曲的选择上可以适当增加一点难度。语言胎教和色彩胎教也应继续坚持，有利于胎儿出生后更好地了解、接受这个世界。

● **随时做好分娩的心理准备**

除此之外，准妈妈的情绪胎教也非常重要。到了妊娠后期，胎宝宝已经有能力感知到妈妈的喜悦或情感了。所以，虽然准妈妈可能会因为随时到来的分娩而感觉有些急躁和紧张，也应努力调整情绪，保持轻松愉快的心情，多阅读分娩知识，熟悉产程，做好分娩的心理准备。

准爸爸这样做

◎ 多陪在准妈妈身边，共同承担分娩的痛苦，共同分享迎接宝宝的激动心情。
◎ 辅助准妈妈做产前运动，确保运动安全。
◎ 为准妈妈收拾好住院物品，拟定初步的产后计划，避免产前、产后的紧张和慌乱。同时，不忘给准妈妈精神和心理上的支持，帮助准妈妈减轻分娩压力。

3. 经典胎教推荐——准爸爸给胎宝宝"上课"

来到孕10月,此时的胎儿已经具备了比较完善的感知能力,准爸爸可以常常用抚慰及能够促使胎儿形成自我意识的语言对胎儿讲话。

准爸爸和准妈妈可以这么做:

准妈妈坐在宽大舒适的椅子上,调整好心情,以兴致勃勃的心情开始接下来的学习。

准妈妈对胎儿说:"乖宝宝,爸爸就在旁边,爸爸想和你说说话,咱们一起听听。"

这时,准爸爸应该坐在距离准妈妈约50厘米的位置上,用平静的语调开始对话。

准爸爸可以这么开始:"宝贝,我是你的爸爸,我会天天和你说话,我会告诉你外界的一切,今天爸爸想要跟你讲讲……"

随着对话内容的展开,准爸爸逐渐提高声音,语调抑扬顿挫。

准爸爸结束语:"宝宝学习很专心,真聪明,好吧,今天就学习到这儿,下次再接着聊,再见!"

准爸爸这样做

话题最好事先构思好,内容可以是一段小故事、一首浅显的古诗、一个小笑话、一段发生在爸爸妈妈身上有趣的事情等。

4. 营养胎教

本月饮食原则

食物要易消化

最后一个月，准妈妈要补充足够的能量，为了能够使摄入的食物中的营养被吸收，应多吃容易消化的食物。而且越临近生产，准妈妈胃肠分泌消化液的能力也会越低，消化食物的时间更长，如果吃油腻的食物，会堆积在肠胃里，产生胀气，增加身体负担。所以准妈妈应尽可能多吃易消化、少渣的食物。

吃能助产的食物

分娩前准妈妈可以适当吃一些有助产功效的食物，使分娩能够顺利进行。比如，猪、鸭、鸡等家禽类动物血液中的蛋白质被胃液和消化酶分解后，可产生一种具有解毒和滑肠作用的物质，可将人体内的有害物质排出体外，使准妈妈有个健康的身体分娩；海带、海鱼等海产类食物能够促进体内放射性物质的排出，海带还有滑利作用，海鱼中蛋白质等营养物质丰富，可为准妈妈增加体力；新鲜蔬菜和水果中的膳食纤维也有利于将体内毒素排出，还含有丰富的维生素，是很好的助产食物。

临产前饮食原则

准妈妈出现有规律性的宫缩后，就离分娩不远了，这段时间应该吃饱、吃好。产前吃不好，在分娩时容易造成疲劳，引起宫缩乏力、难产等情况发生。家人在产前应为准妈妈准备她喜欢吃的食物，为准妈妈补充足够的能量。为了使食物能够被更好地消化吸收，可以准备一些半流质食物，食物的营养价值要高，多准备富含膳食纤维的食物。产前饮食忌暴饮暴食，以免引起消化不良和腹胀等。准妈妈产前也可以适当吃少量巧克力来增加热量，以便能迅速补充能量。宫缩间隙可适当进食，注意临产前多补充水分，可适当喝红糖水或铁含量高的牛奶等，因为分娩过程中会消耗掉大量的水分和血液。

本月关键营养素

锌

孕晚期的妈妈体内血锌浓度比未怀孕的正常妇女低20%左右,而锌是一种有益的助产元素,对分娩和产后恢复有着重要的作用,因此补锌非常重要。如果本月准妈妈缺乏锌,会造成分娩时子宫收缩无力,产程延长,造成难产,很有可能需要产钳等工具进行助产,容易使胎儿受到损伤,还会造成新妈妈产后出血过多或并发其他妇科疾病。

铁

准妈妈分娩时会大量出血,需要在产前补充足够的铁元素,以免造成产后贫血。如果准妈妈此时体内铁的摄入量不足,不仅会影响分娩,还会影响胎儿出生后的生长发育,因为产后铁很难通过乳腺输送到乳汁中,所以母乳中铁含量较低,因此新生儿需要在胎儿时期就从母体中吸收足量的铁,以支撑出生后对铁的需求,预防新生儿贫血。

维生素 B_{12}

如果准妈妈严重缺乏维生素 B_{12},就容易造成产前或产后贫血,哺乳期的新妈妈贫血还会导致母乳中的维生素 B_{12} 减少,从而造成新生儿缺乏维生素 B_{12},易导致新生儿贫血症,使新生儿的生长发育迟缓。维生素 B_{12} 主要存在于肉类食物中,准妈妈可以重点摄入。

维生素 E

充足的维生素 E 是保证分娩顺利进行的重要因素,准妈妈体内有足够的维生素 E 可保证氧气得以输送到身体各部位,从而缓解准妈妈的疲劳和临产前的紧张情绪,放松肌肉。如果准妈妈维生素 E 摄入不足,就会使胎儿红血球受到氧气分解,增加胎儿出生后得黄疸的可能性。胎儿在母体内没有吸取足够的维生素 E,也是造成先天贫血的主要原因,因此产前维生素 E 的补充十分重要。

食谱推荐

猪肉白菜粉条汤

原料 白菜、豆腐各50克，五花肉、水发红薯粉各100克，高汤50毫升，葱段、姜片各3克

调料 盐、胡椒粉各2克

做法

1. 洗净的白菜切丝；洗好的豆腐切成小块；五花肉切小块，装碗，放入葱段、姜片，拌匀，倒入杯子中，盖上保鲜膜。
2. 将五花肉放入微波炉中，微波至熟后取出，揭开保鲜膜，备用。
3. 大碗中放入红薯粉、白菜、豆腐、五花肉，加入盐、胡椒粉，注入高汤，拌匀，放入杯中，注入清水，封上保鲜膜，放入蒸锅，蒸10分钟至熟，取出即可。

紫米核桃红枣粥

原料 水发紫米250克，水发红豆150克，核桃仁8克，红枣3枚

调料 红糖15克

做法

1. 砂锅中注入适量清水，倒入备好的红豆、紫米。
2. 加入红枣、核桃仁，拌匀。
3. 加盖，大火煮开转小火煮1小时至食材熟软。
4. 揭盖，倒入红糖，拌匀。
5. 关火，将煮好的粥盛出，装入碗中即可。

5. 运动胎教

呼啦圈的新玩法

这个运动是以优雅、圆滑、流畅、娇柔的方式转动，适合孕10月的准妈妈。

● 运动的益处

这套运动对孩子的出生是一个很好的准备，表面上看很简单，其实它可以作用于每一个关节和每块肌肉，舒展骨盆，整个身体都得到了锻炼。

● 运动的做法

稳坐在椅子前端，两腿分开呈丁字形，膝盖和脚呈一直线与地面垂直。臀部、脊柱、颈部和头在一条直线上。双肘在腰部弯曲，握住呼啦圈。保持2～3个呼吸的时间。做深呼吸，同时向左侧弯腰，逆时针转动呼啦圈，转到右手臂能伸展的最大程度。这个过程中臀部稳稳地坐在椅子上。转头看着胶圈顶端，如果这样做感觉肌肉拉得太紧，那么就看着地面。转动的轴心大概与喉咙的位置保持水平，手自然搭在圈上。还原，向右侧弯腰，顺时针转动呼啦圈。还原，收脚，脚跟相对，前脚掌着地，屈膝，脚呈菱形，保持5个呼吸的时间。向左侧弯腰，逆时针转动呼啦圈，保持2～3个呼吸时间。还原，向右侧弯腰，顺时针转动呼啦圈，保持2～3个呼吸时间。回到初始姿势。该项运动连续做5次的效果较好。

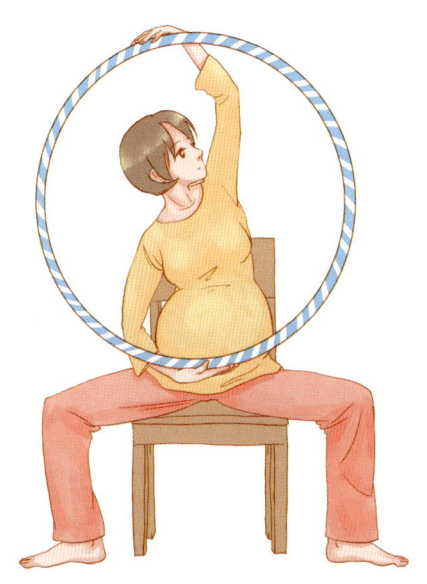

简单分娩操

进入孕10月，现在的准妈妈每过一天就离分娩近一天，如果征得医生的允许，你可以练习一下分娩操。

- 分娩操的准备

根据家中情况选择在床上活动或者是在垫着垫子的地板上进行，只要是在能够伸展身体的安全地方均可。选择自己喜欢听的音乐或者是胎教音乐，边听音乐边做操会令身心更加放松。要时刻牢记做动作时不要太剧烈，以感到不吃力为宜，以免伤到自己和胎儿。做操前要适当热身，如散散步；做完操后也可慢慢走动，放松身体。

- 分娩操的做法

1 分腿跪坐
双膝分开，脚尖靠拢，跪坐在一个靠垫上，上身垂直，保持10～30秒。

2 分腿儿童式
跪趴，身体向前匍匐在靠垫上，脊柱和肩膀、手臂都放松，保持30秒。

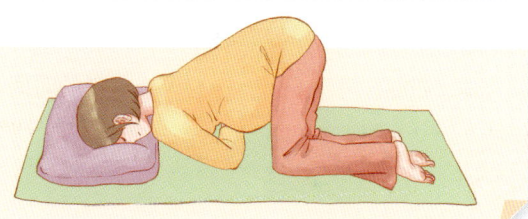

3 骨盆摇摆
四肢着地，脊柱放平，轻轻地左右摇摆骨盆，幅度不宜过大，10次为一组，每天做1～2组，注意不要塌腰，如膝盖不适可在膝下垫块毛巾。

4 侧卧开胯
侧卧，双腿重叠，呼气时大腿向外打开，吸气时合拢，重复8～10次。

5 大腿外展
左腿向前伸直坐在地上，右腿架在左腿上，放松右腿，保持30秒。换另一侧重复。如果感觉不适，可在两腿间放一个靠垫。

拉梅兹呼吸法

拉梅兹呼吸法又称心理预防式的分娩准备法,是减缓生产时的疼痛、加速产程的好方法,有助于准妈妈顺利生产,准妈妈应提前练习,这样可以在分娩时更加熟练地运用。

- 原理

拉梅兹呼吸法是通过对神经肌肉的控制、产前体操及呼吸技巧训练的学习过程,让产妇在分娩时将注意力集中在对自己的呼吸控制上,从而转移疼痛,适度放松肌肉,能够充满信心地在分娩过程中发生阵痛时保持镇定,以达到加快产程并让婴儿顺利出生的一种呼吸法。

- 练习前的准备

在客厅地板上铺一条毯子或在床上练习,室内可以播放一些优美的胎教音乐,准妈妈可以选择盘腿而坐,在音乐声中,准妈妈首先让自己的身体完全放松,眼睛注视着同一点。

- 具体操作方法

1 胸部呼吸法

此方法应用在分娩开始的时候,此时宫颈开3厘米左右,所采用的呼吸方式是缓慢的胸式呼吸。准妈妈可以感觉到子宫每5~20分钟收缩一次,每次收缩长30~60秒。准妈妈学习由鼻子深深吸一口气,随着子宫收缩就开始吸气、吐气,反复进行,直到阵痛停止才恢复正常呼吸。胸部呼吸是一种不费力且舒服的减痛呼吸方式,每当子宫开始或结束剧烈收缩时,准妈妈们可以通过这种呼吸方式准确地给家人或医生反映有关宫缩的情况。

2 嘻嘻轻浅呼吸法

嘻嘻轻浅呼吸法应用在婴儿一面转动,一面慢慢由产道下来的时候,在子宫颈开7厘米以前。随着子宫开始收缩,采用胸式深呼吸,当子宫强烈收缩时,采用浅呼吸法,收缩开始减缓时恢复深呼吸。首先让自己的身体完全放松,眼睛注视着同一点。准妈妈用嘴吸入一小口空气,保持轻浅呼吸,让吸入及吐出的气量相等,完全用嘴呼吸,保持呼吸高位在喉咙,就像发出"嘻嘻"的声音。当子宫收缩强烈时,需要加快呼吸,反之就减慢。注意呼出的量需与吸入的量相同。练习时由连续20秒慢慢加长,直至一次呼吸练习能达到60秒。

浅的呼吸法

3 当子宫开至 7～10 厘米时,准妈妈感觉到子宫每 60～90 秒钟就会收缩一次,这已经到了产程最激烈、最难控制的阶段了。胎儿马上就要临盆,子宫的每次收缩维持 30～90 秒。准妈妈先将空气排出后,深吸一口气,接着快速做 4～6 次的短呼气,感觉就像在吹气球,比嘻嘻轻浅式呼吸还要更浅,也可以根据子宫收缩的程度调节速度。练习时由一次呼吸练习持续 45 秒慢慢加长至一次呼吸练习能达 90 秒。

吹蜡烛运动

4 第一产程的最后,虽然准妈妈会有想用力的感觉,但这时医生是不许用力的。此时,在阵痛开始时,孕妈先深呼吸一口气,接着短而有力地哈气;可以浅吐 4 次,接着一次吐出所有的气,像吹蜡烛一样。练习时每次需达 90 秒。

用力推

5 此时宫颈全开了,助产师也要求产妇在即将看到婴儿头部时,用力将婴儿娩出。准妈妈此时要长长吸一口气,然后憋气,马上用力。准妈妈下巴前缩,略抬头,用力使肺部的空气压向下腹部,完全放松骨盆肌肉。需要换气时,保持原有姿势,马上把气呼出,同时马上吸满一口气,继续憋气和用力,直到宝宝娩出。当胎头已娩出产道时,准妈妈可使用短促的呼吸来减缓疼痛。每次练习时,至少要持续 60 秒用力。

6. 情绪胎教

● **静心冥想，缓解产前压力**

距离预产期越来越近，准妈妈一方面会为宝宝即将出生感到兴奋和愉悦，另一方面又会对分娩怀有紧张的心理，此时此刻的情绪调节至关重要，保持一种欢乐、平和的心态，直接关系到分娩的成功和胎宝宝的健康。为此，我们建议准妈妈在孕10月做做静心冥想，缓解产前压力。

首先，保持轻松的姿势坐着，挺直腰背部，手心向上，放在双膝上，轻轻挺起胸部，将脸部稍稍向上抬并闭上眼睛。然后让自己平静下来，在脑海中想象一些美好的事物，比如海滩上，看着潮汐进退，配合呼吸一起练习，当潮汐来了，吸气；潮汐退了，呼气，并让大脑逐渐地放空。也可以试着想象和准爸爸谈恋爱的幸福时光，或者未来宝宝的样子等，只要能唤起自己愉悦的感受就好。如此反复进行10～15分钟，能有效排除紧张、焦虑、恐惧等不良情绪，提高专注力和洞察力，让心灵变得纯净，并产生新的活力，从而使身心平和，缓解产前压力。

练习静心冥想时，建议准妈妈在早晚心情较为平静的时候，穿宽松的孕妇装练习，练习时要保持绝对的安静，不要有外人打扰。

● **分娩情绪调试**

分娩的情绪调试主要包括产前的心理准备、产程中的心理调节以及产后的心理调节三个方面。其中，产前的心理准备主要是依靠家人的帮助和医生的指导，准妈妈无需过于紧张，应保持乐观的心态，迎接小天使的降临；产程中的心理调节可以在医生的指导下进行，无论是顺产还是剖宫产，都能帮助缓解产痛，消除对母子的负面影响，并在分娩过程中得到充分的放松；在产后，新妈妈和新爸爸要照顾好新生儿，并在坐月子时做好心理调节，警惕产后抑郁等。

7. 语言胎教

在孕前的最后一个月进行语言胎教时，不仅要把声音传递给胎宝宝，更应该注意将形象、声音和情感三者结合在一起，使准妈妈感受到语言胎教的有趣和快乐，胎宝宝的听觉系统也能接收到生动的形象刺激和美好的信息，给心灵留下美好的印记。具体来说，可以从以下三个方面做起。

● **语言讲解视觉化**

所谓视觉化，就是指将鲜明的图画、单字、影像印在脑海中的行为。准妈妈在给胎宝宝讲解语言时，不能单纯地念书上的文字解释，而要把每一页的画面细细地讲给胎宝宝听，使画面内容视觉化。研究发现，每天对胎儿进行视觉化的行为，会逐渐增强其接收信息的能力。胎儿虽然不能看到画册上画的形象或外界事物的形象，但母亲用眼睛看东西时受到的视觉刺激，通过生动的语言描述，可以使胎儿用脑"看"到，或用心感受到，这便是视觉化的效果。

● **形象与声音相结合**

将形象与声音相结合，即先在脑中将所讲的内容形象化，然后用动听的声音将头脑中的画面讲给胎儿听，这样，你所要表现的中心内容，就可以通过形象和声音传递给胎宝宝了，从而和胎宝宝一起进入所讲述的世界中，这就是"画的语言"。

● **把形象和情感融合**

讲故事或者和宝宝对话时，要创造出情景相生的意境。例如准妈妈到大自然中散步时，可以一边走一边看，感受轻松、安宁的氛围，并用愉悦的心情把自己的所见所闻讲给胎宝宝听，带着丰富的情感和宝宝沟通、交流。

tips

准妈妈和准爸爸可以选择一些有人物对话的小故事，每个人安排一个角色，然后两个人绘声绘色地进行对话，给胎宝宝一点想象的空间，也能把形象、声音和情感的结合发挥到极致。

附录　经典胎教作品，伴宝贝健康成长

一、诗歌

1. 经典诗歌胎教作品推荐

你是人间的四月天
／林徽因

我说，你是人间的四月天，
笑响点亮了四面风，
轻灵在春的光艳中交舞着变。
你是四月早天里的云烟，
黄昏吹着风的软，
星子在无意中闪，
细雨点洒在花前。
那轻，那娉婷，你是，
鲜妍百花的冠冕你戴着，
你是天真，庄严，
你是夜夜的月圆。
雪化后那片鹅黄，你像，
新鲜初放芽的绿，你是，
柔嫩喜悦，
水光浮动着你梦期待中白莲。
你是一树一树的花开，
是燕在梁间呢喃，
——你是爱，是暖，是希望，
你是人间的四月天！

2. 其他常见诗歌胎教作品

《请回答我，七月》《亲爱的三月，请进》《他会是什么模样》《睡吧，小小的人》《一去二三里》《雪花的快乐》等。

二、散文

1. 经典散文胎教作品推荐

春（节选）

/朱自清

盼望着，盼望着，东风来了，春天的脚步近了。

一切都像刚睡醒的样子，欣欣然张开了眼。山朗润起来了，水涨起来了，太阳的脸红起来了。

小草偷偷地从土地里钻出来，嫩嫩的，绿绿的。园子里，田野里，瞧去，一大片一大片满是的。坐着，躺着，打两个滚，踢几脚球，赛几趟跑，捉几回迷藏。风轻悄悄的，草软绵绵的。

桃树，杏树，梨树，你不让我，我不让你，都开满了花赶趟儿。红的像火，粉的像霞，白的像雪。花里带着甜味；闭了眼，树上仿佛已经满是桃儿，杏儿，梨儿。花下成千成百的蜜蜂嗡嗡的闹着，大小的蝴蝶飞来飞去。野花遍地是：杂样儿，有名字的，没名字的，散在草丛里像眼睛像星星，还眨呀眨。

"吹面不寒杨柳风"，不错的，像母亲的手抚摸着你，风里带着些新翻的泥土的气息，混着青草味儿，还有各种花的香，都在微微润湿的空气里酝酿。鸟儿将巢安在繁花嫩叶当中，高兴起来，呼朋引伴的卖弄清脆的歌喉，唱出婉转的曲子，跟清风流水应和着。牛背上牧童的短笛，这时候也成天嘹亮的响着。

天上的风筝渐渐多了，地上的孩子也多了。城里乡下，家家户户，老老小小，也赶趟似的，一个个都出来了。舒活舒活筋骨，抖擞抖擞精神，各做各的一份事儿去。"一年之计在于春"，刚起头儿，有的是功夫，有的是希望。

春天像刚落地的娃娃，从头到脚都是新的，它生长着。

春天像小姑娘，花枝招展的笑着走着。

春天像健壮的青年，有铁一般的胳膊和腰脚，领着我们向前去。

2. 其他常见散文胎教作品

《背影》《荷塘月色》《匆匆》《迟桂花》《春天的声音》《说几句爱海的孩子气的话》《春天的颜色》《春风》《妈妈的眼睛》等。

附录 经典胎教作品，伴宝贝健康成长 155

三、故事

1. 经典故事胎教作品推荐

拔萝卜

老公公种了个萝卜,到了萝卜成熟的季节,就去拔萝卜。他拉住萝卜的叶子,"嗨哟,嗨哟"拔呀拔,拔不动。

老公公叫来了老婆婆,老婆婆拉着老公公,老公公拉着萝卜叶子,一起拔萝卜。"嗨哟,嗨哟"拔呀拔,还是拔不动。

老婆婆叫来了小姑娘,小姑娘拉着老婆婆,老婆婆拉着老公公,老公公拉着萝卜叶子,一起拔萝卜。"嗨哟,嗨哟"拔呀拔,还是拔不动。

小姑娘叫来了小狗,小狗拉着小姑娘,小姑娘拉着老婆婆,老婆婆拉着老公公,老公公拉着萝卜叶子,一起拔萝卜。"嗨哟,嗨哟"拔呀拔,还是拔不动。

小狗叫来了小花猫,小花猫拉着小狗,小狗拉着小姑娘,小姑娘拉着老婆婆,老婆婆拉着老公公,老公公拉着萝卜叶子,一起拔萝卜。"嗨哟,嗨哟"拔呀拔,还是拔不动。

小花猫叫来了小老鼠,小老鼠拉着小花猫,小花猫拉着小狗,小狗拉着小姑娘,小姑娘拉着老婆婆,老婆婆拉着老公公,老公公拉着萝卜叶子,一起拔萝卜。"嗨哟,嗨哟"拔呀拔,大萝卜有点动了,再用力地拔呀拔,大萝卜拔出来啦!他们高高兴兴地把大萝卜抬回家去了。

2. 其他常见故事胎教作品

《当世界年纪还小的时候》《萝卜回来了》《狼来了》《龟兔赛跑》《国王的花》《棕色的瘦狮子》《十二门徒》《灰姑娘》《穿靴子的猫》《海的女儿》等。

四、电影

1. 经典电影胎教作品推荐

《巴黎淘气帮》

影片资料

别名：《小淘气尼古拉》/Little Nicholas
地区时间：法国/2009
影片类型：家庭/喜剧
导演：劳伦·泰拉德
领衔主演：马克西姆·戈达尔，瓦莱丽·勒梅西埃，凯德·麦拉德
影片时长：91分钟

剧情简介

小尼古拉（马克西姆·戈达尔饰）深受父母宠爱，在学校与一帮朋友玩得开心，这其中包括：想当大官的亚斯特、以后会继承父业的杰夫、梦想成为自行车冠军在班上却总是被罚站的克劳岱、长大要当黑道的奥德、希望跟老爸一样成为警察的鲁夫以及全班第一名永远不会被罚站也是老师的最爱学生、其他同学眼中讨厌的阿南。

有一天，尼古拉的妈妈（瓦莱丽·勒梅西埃饰）建议爸爸（凯德·麦拉德饰）请老板及夫人来家里吃饭，以便获得老板青睐涨工资，但小尼古拉听到和观察到的结果却让他以为父母要生个小弟弟，不要他了。沮丧的小尼古拉请求朋友们的帮助，大家七嘴八舌给他出了一堆建议，包括送花、大扫除，甚至找罪犯领养弟弟等荒谬办法。与此同时，教育部长也要来学校参观，班级又换了严厉的代课老师。

2. 其他常见电影胎教作品

《帝企鹅日记》《罗马假日》《小鞋子》《浪漫的老鼠》《小情人》《千与千寻》《我的邻居山君》《小公主》《飞屋环游记》《地球上的星星》《当幸福来敲门》《宝贝计划》《芳心何处》《梦幻女郎》《阳光小美女》《龙猫》《悬崖上的金鱼姬》《好孕临门》等。

五、音乐

1. 经典音乐胎教作品推荐

<h2 style="text-align:center">《雪绒花》</h2>

音乐简介

英文名：《Edelweiss》

时间：1959年

作曲：理查德·罗杰斯

作词：奥斯卡·汉默斯坦二世

说明：美国电影和音乐剧《音乐之声》中的著名插曲，歌词不长，却情深意远。主人公赞扬雪绒花的美丽，实际则是希望自己的祖国也不失这些品性。

中文歌词	英文歌词
雪绒花，雪绒花	Edelweiss, edelweiss
清晨迎接我开放	Every morning you greet me
小而白	Small and white
洁而亮	Clean and bright
向我快乐地摇晃	You look happy to meet me
白雪般的花儿愿你芬芳	Blossom of snow may you bloom and grow
永远开花生长	Bloom and grow forever
雪绒花，雪绒花	Edelweiss, edelweiss
永远祝福我家乡	Bless my homeland forever

2. 其他常见音乐胎教作品

《月光》《宝宝困了》《我的爹地》《童年情景》《欢乐颂》《维也纳森林的故事》《铃儿响叮当》《春之歌》《摇啊摇》《云雀》《友谊地久天长》《彼得与狼》《玛丽有只小羊羔》《B小调第一钢琴协奏曲》《小鸭子》《采蘑菇的小姑娘》《月光》《梦幻曲》《杜鹃圆舞曲》《七色光之歌》《阿童木之歌》《田园》《摇篮曲》《樱花》等。